TRAITÉ D'ÉCONOMIE INDUSTRIELLE

SAINT-DENIS. — IMPRIMERIE CH. LAMBERT, 17, RUE DE PARIS

TRAITÉ
D'ÉCONOMIE INDUSTRIELLE

ÉTUDES PRÉLIMINAIRES, ORGANISATION ET CONDUITE DES ENTREPRISES

PAR

C. ADOLPHE GUILBAULT

ANCIEN CHEF D'ADMINISTRATION DE LA SOCIÉTÉ MÉTALLURGIQUE DE VIERZON
INSPECTEUR DES FORGES ET CHANTIERS DE LA MÉDITERRANÉE
AUTEUR DU TRAITÉ DE COMPTABILITÉ ET D'ADMINISTRATION INDUSTRIELLES

PARIS
LIBRAIRIE GUILLAUMIN ET CIE
Éditeurs du *Journal des Économistes*, de la *Collection des principaux Économistes*
du *Dictionnaire de l'Économie politique*, du *Dictionnaire du Commerce et de la Navigation*, etc.
14, RUE RICHELIEU, 14

1877

PRÉFACE

Le but que nous nous efforçons d'atteindre dans le traité que nous publions aujourd'hui est celui-ci :

Rechercher les lois économiques de la production industrielle, dégager de ces lois les règles de l'organisation des entreprises, et mettre à la disposition des industriels les moyens de rendre leurs travaux plus profitables.

Il existe des traités de calculs commerciaux ; il y a des manuels de commerce où l'on détaille certaines opérations, des encyclopédies industrielles traitant des procédés technologiques. Un savant spécialiste, M. Courcelle Seneuil, a fait un traité de banque et de finance. Il a fait aussi un livre qui indique les généralités de l'organisation industrielle et commerciale; mais nous ne connaissons aucun traité théorique et pratique qui nous dispense de publier le résultat des observations faites par nous pendant de longues années passées dans l'industrie.

Certes, nous n'apprendrons rien à ceux qui ont créé et qui font prospérer des entreprises; mais nous espérons être utile à ceux qui veulent s'instruire avant de se lancer dans les affaires, et les guider dans les opérations où leur fortune est en jeu.

TRAITÉ
D'ÉCONOMIE ET D'ORGANISATION
INDUSTRIELLES

CHAPITRE PREMIER

Explications préliminaires.

---

1. — RÉSULTATS DES ENQUÊTES INDUSTRIELLES FAITES SOUS L'EMPIRE.

Les enquêtes qui ont été faites sous l'Empire, depuis 1857 jusqu'en 1869, sur les grandes industries françaises, nous ont mis à même d'envisager nos relations commerciales avec les nations étrangères sous un jour auquel nous n'étions pas accoutumés de les voir. Habitués à une protection douanière qui, dans beaucoup de cas, équivalait à une prohibition, nous n'avons compris que par ces enquêtes que l'isolement dans lequel nous vivions pouvait nous être préjudiciable. Les traités de commerce qui ont été la conséquence des idées émises à la suite de ces études ont amélioré nos relations extérieures tout en sauvegardant, dans une juste mesure, les intérêts de nos producteurs.

Ces grands débats ont été précieux à plus d'un titre. Nous avons vu en présence les théoriciens du libre échange armés de leurs arguments en faveur de la liberté absolue des échanges, et nos industriels, hommes pratiques, qui ne se laissent pas éblouir par les théories.

Ces derniers n'ont pas seuls pris part aux discussions ; on avait appelé leurs concurrents étrangers, afin de pouvoir contrôler leurs dépositions respectives, lesquelles pouvaient être influencées par l'intérêt personnel.

D'un côté, nos industriels, cherchant à sauvegarder leurs positions acquises, s'efforçaient de faire ressortir l'élévation de leurs prix de revient relativement à ceux de leurs concurrents étrangers. De l'autre, leurs adversaires cherchaient à démontrer que ces prix de revient étaient moins élevés qu'on ne voulait bien le dire, et qu'ensuite les leurs n'étaient pas aussi inférieurs qu'on le prétendait.

Les arguments ne manquaient pas des deux côtés. On a pu trouver cependant une moyenne d'appréciation qui représentait assez exactement l'état des choses. Mais on a pu en même temps constater, dans ces discussions, combien il était difficile de s'entendre sur le point essentiel, celui qui devait être la base des débats, c'est-à-dire sur le prix de revient des produits.

Les prix de revient sont pourtant en industrie une des études les plus sérieuses, les plus indispensables. Leur détermination exacte est un des éléments les plus sûrs de la prospérité industrielle. La raison qui a rendu si difficile une entente sur ce sujet, c'est qu'il n'existe ni règle, ni guide pour ce calcul délicat, que l'on confond assez souvent avec le devis technique. Ce dernier n'est qu'une prévision, une probabilité, tandis que le premier doit être un résultat. Il faut qu'il ressorte des divers mouvements effectués pour la production.

Malgré cette difficulté d'une entente, qui eût été facile, si les industriels avaient possédé une méthode uniforme pour l'exécution des calculs du prix de revient de leurs produits, quelques clartés se sont montrées au choc des idées. On a reconnu, en premier lieu, que la théorie du libre échange absolu devait être écartée malgré les vérités générales qui lui servent de base. En second lieu, que la libre concurrence sur le marché intérieur de la nation est la vraie atmosphère industrielle, parce qu'elle peut conduire sans secousse à l'application des vérités du libre échange dans la mesure des progrès accomplis.

En politique, l'état de civilisation des peuples n'étant pas au même degré de développement, tous ne peuvent être appelés à jouir des mêmes institutions. Les principes généraux de liberté qui se sont dégagés de nos révolutions modernes, comme des vérités incontestables, n'ont pas produit tout le bien qu'on était en droit d'en attendre, par cette raison qu'au lieu de s'efforcer de les approprier à la situation actuelle de la société, on veut imposer dans la pratique de pures abstractions philosophiques. Il nous paraît en être de même des grandes lois de l'économie politique. Nous aimons leur haute signification, mais nous trouvons qu'au lieu de nous appesantir sur une application absolue de vérités que personne ne conteste, nous devrions choisir parmi ces vérités celles qui sont applicables au temps où nous vivons.

Grâce au bon sens de nos industriels et à leurs explications, le gouvernement l'a heureusement compris ainsi, et il a ouvert assez largement la barrière de nos douanes pour que la France, tout en conservant ses industries essentielles, pût élargir ses relations étrangères.

Les enquêtes industrielles ont eu plus tard leur complément. Dans les discussions qui ont eu lieu au sujet des banques, on a reconnu l'influence considérable que le capital acquiert dans la détermination du prix de revient des choses. Cette influence est telle, que la réussite des opérations industrielles est presque toujours attachée à sa bonne composition. Malheureusement, chacun entend à sa manière l'intervention de cet élément dans les calculs.

2. — BUT DE CE TRAITÉ.

Nous nous appuierons sur ces enquêtes, instructives et précieuses à tous les points de vue, surtout par la valeur des hommes auxquels elles ont été confiées, et par la qualité des industriels qui ont été interrogés. Tout en laissant l'économie politique aux théoriciens, pour ne nous occuper que des lois de l'économie industrielle et de l'organisation pratique des entreprises, nous nous efforcerons de dégager des principes généraux celles de ces lois qui président à la création des fortunes particulières, et par suite à la richesse du pays dont elles sont l'élément. Il nous semble qu'en donnant à chacun le moyen de mener à bien ses affaires, nous pouvons, dans une certaine mesure, voir diminuer le nombre de ces destructions qui, sous le nom de liquidations judicaires, sont autant le fait de l'ignorance que de l'imprudence, et augmenter ainsi les moyens d'action du pays.

CHAPITRE II.

Généralités sur l'économie politique.

---

3. — OBJET DE L'ÉCONOMIE POLITIQUE.

Notre but étant bien défini, nous n'aurions pas à nous occuper de l'économie politique, qui est une science de généralités. Cependant, comme elle a pour objet l'étude des lois qui président à la formation et à la répartition de la richesse, elle touche par plus d'un point à l'économie industrielle.

L'économie politique a pris une place considérable parmi les sciences qui s'appuient sur l'analyse des faits. Elle enseigne tout ce qui peut augmenter le bien-être des nations, et peu à peu la politique pure vient lui demander l'appui de ses conseils. Considérant le monde comme une seule famille, et faisant abstraction des nationalités, les lois qu'elle a établies, comme science des intérêts matériels, ont un caractère d'universalité qui leur enlève un peu de leur utilité pratique. Les populations ont surtout besoin de connaître ce qui, pour elles, est d'un intérêt direct; elles ne s'intéressent qu'à ce qui peut produire un résultat précis. Le cercle que l'économie politique embrasse de son point de vue est trop vaste pour elles. Il comprend : 1° l'analyse et l'étude de la production de la richesse par ses éléments principaux : les facultés, le capital, la matière première, puis la propriété, la liberté et la concurrence ; 2° la théorie de l'échange et de la circulation, et les moyens qui lui sont propres ; 3° la répartition et la consommation de la richesse. Cette dernière partie touche aux plus hautes questions sociales : la civilisation, le bien-être, la misère.

Tant que les économistes ne se sont appliqués qu'à l'étude des lois générales de la production et de l'échange, leur œuvre a été remarquable par le nombre des vérités démontrées; mais quand ils se sont attaqués aux lois particulières de la production, leurs déductions sont devenues vagues et incomplètes. Les lois qu'ils ont formulées, tout en étant basées sur la liberté, n'ont pu donner lieu à une sérieuse application pratique, parce que leur horizon était trop élevé et dépassait l'état actuel de notre civilisation. Ou plutôt les civilisations diverses ont des différences de niveau trop considérables pour qu'une loi unique leur soit appliquée.

La difficulté a été encore plus grande quand il s'est agi de la répartition et de la consommation de la richesse. Les questions de bien-être et de misère n'ont plus été étudiées avec le calme apporté aux autres parties de la science. Les plus étranges théories se sont produites, et aujourd'hui, plus que jamais, les passions s'en mêlant, on est moins près du but à atteindre.

4. — PRODUCTION ET CIRCULATION.

Les économistes ont confondu dans leurs études la théorie de la création de la richesse et celle de la circulation des richesses. Il y a, avons nous dit, à faire une distinction, car la production et l'échange sont deux faits d'ordre différent dans la vie des peuples. Il n'y a qu'à considérer ce qui se passe journellement sous nos yeux dans les deux actes séparés de la production et de l'échange.

La production est, suivant nous, le résultat du travail imposé à l'homme par le Créateur pour le soutien de sa vie. La production est nécessaire, parce que l'existence en dépend. L'homme doit chasser, labourer, cueillir, construire sa demeure et se faire des vêtements. Quelle que soit la portion de la terre sur laquelle la Providence l'ait placé, il ne peut exister qu'à la condition de trouver sur ce point du globe les éléments du travail auquel il devra son existence. Si le sol, par sa conformation, lui permet par un travail intelligent d'arriver à satisfaire largement ses besoins et à les dépasser, il pense alors à échanger le surplus avec ses voisins pour se procurer la satisfaction d'autres besoins, moins impérieux que ceux de l'existence, sans doute, mais qui sont aussi légitimes. Nous voulons parler du bien-être matériel et des loisirs pendant lesquels il cultive son esprit.

L'échange, on le voit, n'intervient que comme un acte secondaire dans la vie. Il ne peut exister qu'à la condition d'une économie faite par la consommation sur la production. Dans la classification que nous allons faire des industries, la place de l'échange et de la circulation des richesses se trouvera toute tracée, et nous renvoyons pour plus de détails au chapitre VI de ce traité.

La distinction à faire entre les lois de la production et celles de la circulation n'ayant pas été faite avec assez de précision, les économistes sont tombés dans l'erreur de croire que le libre échange était la loi essentielle de la production de la richesse. Nous venons de démontrer quelle différence on doit faire entre l'acte de la production et celui de la circulation.

La circulation ne crée pas la richesse d'une manière directe; elle n'a d'autre but que de donner à chacun, par l'échange, le surplus de la vie matérielle. La production seule crée la richesse. Le commerce n'existerait pas si la production ne fournissait pas les objets d'échange dont il vit, et son but est d'importer et d'exporter, sans s'occuper si l'objet de sa spéculation charge le marché approvisionné par le producteur voisin. Aussi voyons-nous l'antagonisme régner entre les agents de la production et ceux de la circulation. Tous les grands centres producteurs ne sont pas libres échangistes, et les raisons en sont faciles à donner.

L'industriel producteur, dans notre société moderne, doit, pour arriver à son but, hasarder son capital pour monter des usines, acheter la matière première, payer ses ouvriers; il doit, en outre, consacrer son intelligence, ses efforts de tous les instants, pour créer ou approprier un objet dont la valeur ne peut lui rentrer que longtemps après que ses dépenses ont été faites. Il a tout intérêt à ne pas voir un produit étranger venir prendre la place du sien sur les marchés. La perte de sa fortune et de ses labeurs est en jeu.

Le négociant, agent de la circulation, n'est pas dans le même cas. Comme il prélève au passage une part sur la valeur qui, par son intermédiaire, vient aux mains des consommateurs, il ne demande qu'à produire la circulation. Il n'a pour tout risque à courir que la perte qu'il peut subir par le défaut de payement de l'objet qu'il a livré. Il n'a rien créé, et ne s'est exposé à aucune des mauvaises chances de la production. Ses opérations sont simples, rapides, il les embrasse d'un coup d'œil; s'il ne veut pas courir les hasards, il modère ses mouvements, et agit à coup sûr.

Ainsi s'expliquent les difficultés considérables dont le libre échange a été entouré, dans l'essai partiel qui en a été fait, par suite de la conclusion des traités de commerce en 1860. On ne pouvait prévoir les résultats de cet essai sur nos industries productives, et l'on ne pouvait dire si de nombreuses ruines ne seraient pas consommées, lorsque l'on aurait pu démontrer par dix années d'application, terme de ces traités, s'ils devaient ou non subir une révision.

5. — CONCURRENCE ET LIBRE ÉCHANGE.

Les économistes ont démontré que, dans la plupart des cas, le monopole est contraire à l'industrie, tandis que la concurrence lui est favorable et surexcite la production. Cette manière de voir nous semble exacte; mais ce qu'on entend par le mot concurrence doit être clairement expliqué. Si l'on veut dire par concurrence la rivalité de l'offre sur le marché, il faudrait limiter la concurrence au marché national, et ne pas en faire l'équivalent de ce qu'on est convenu de nommer le libre échange, qui représente la liberté laissée à l'étranger de venir faire concurrence aux produits nationaux sur le marché intérieur, ou bien à nos nationaux celle d'aller lutter avec lui sur le marché étranger.

L'application des principes en fait de libre échange, quand on les comprend comme concurrence intérieure, renfermée dans les limites de la nationalité, c'est la lutte féconde des capacités agissant dans le même milieu et à capital égal. On reconnaît en effet que, lorsque la libre production a satisfait à des besoins réels, elle arrive vite au prix minimum des choses; mais le libre échange d'une nation vis-à-vis d'une autre plus avancée nous semble discutable. L'accumulation du capital facilite la production, de même que l'épargne sur la production augmente le capital ; il s'ensuit que l'industrie qui a le plus fort capital suit une voie que celle qui est moins bien douée sous ce rapport ne peut suivre. Cependant il convient de s'entendre au sujet du capital.

Appliquée aux choses matérielles, l'épargne est limitée au temps pendant lequel la matière reste utilisable. Les produits servant à la nourriture se décomposent en leurs éléments fondamentaux au bout d'un certain temps, et se détruisent sans bénéfice s'ils ne sont pas consommés. De même, pour les autres objets matériels, leur destruction est inévitable; mais il n'en est pas ainsi des choses de l'intelligence, et dans ce sens le capital s'augmente proportionnellement à l'épargne. La nation qui produit le plus peut s'élever moralement au détriment de ses voisins, si le libre échange lui permet d'arrêter l'essor de leur industrie productive en activant la sienne.

L'Angleterre, grâce à sa constitution géologique, a pu faire, par l'exploitation de son sous-sol, une énorme accumulation de capitaux qui la laissent presque sans rivale dans l'industrie productive : aussi la trouve-t-on sur tous les marchés. Son état politique aidant, elle a accaparé non-seulement toutes les colonies, mais encore elle tend à réunir sur son sol les œuvres d'art de tous les temps, et elle rétribue, en se les appropriant, les travaux des chercheurs et des inventeurs.

Au sujet du libre échange, il nous tombe sous les yeux un article dont nous ne pouvons vérifier les chiffres, mais dont l'importance ne peut manquer de frapper le lecteur. Un journal, l'*Écho universel*, fait ressortir le résultat des traités de commerce contractés par la France ; il esquisse le tableau des ruines que le traité de commerce avec l'Angleterre a déterminées en France. Il ajoute que, bien avant l'empire, un courant existait en France qui aurait amené sans secousse l'abaissement des barrières commerciales. Voici comment il s'explique :

« Maintenant que les années ont passé sur ce fait « considérable du rétablissement du libre échange, il « est bon de voir quel en a été le résultat sur le « commerce de notre pays. Le *Tableau décennal du* « *commerce de la France* va nous édifier à cet égard. « Déjà, dans un précédent article, il nous a appris « combien était régulière l'ascendance du commerce « de la France, et combien régulièrement une assise « nouvelle se superposait à la précédente. Si l'on em-

2

« prunte au même document les chiffres du commerce « extérieur pendant les vingt-cinq années qui ont « précédé la chute de l'empire, l'année 1848 non com- « prise; si l'on groupe ces années cinq par cinq et « qu'on cherche la moyenne de chaque période, on « arrive aux chiffres suivants :

ANNÉES.	MILLIONS.	ANNÉES.	MILLIONS.
1844 à 1849	1,694	1860 à 1864	4,701
1850 à 1851	2,293	1865 à 1869	5,977
1855 à 1859	3,405		

« La période régie par les traités de commerce em- « brasse dix ans, de 1860 à 1869, ou deux périodes « quinquennales. La période de 1850 à 1854, qui a vu, « de 1850 à 1851, se développer les conséquences de « la révolution économique dont on a parlé au précé- « dent article, présente une progression d'un tiers, en « regard des cinq années précédentes. De 1855 à « 1859, l'augmentation est de plus des trois cin- « quièmes. Nous arrivons à l'année 1860, qui voit le « rétablissement subit de la liberté commerciale. La « période nouvelle de cinq ans ne présente sur la pré- « cédente qu'une ascendance inférieure à un tiers. « Enfin, la dernière période quinquennale, celle qui « clôt l'empire, ne présente plus qu'une augmenta- « tion d'un quart environ.

« De cet ensemble de faits il convient de tirer les « conclusions suivantes :

« La liberté commerciale, tradition, dogme essen-« tiellement français, a triomphé à la fin du siècle « dernier sous l'influence de l'école dont fit partie « Turgot. 89 l'a respectée, 93 a réservé le principe. « Le premier Bonaparte seul a détruit l'œuvre de l'an-« cien régime, et nous a ramenés à ce point en arrière « qu'on commençait à revenir aux anciennes voies « commerciales du moyen âge.

« Dès 1814, le régime parlementaire reprend la tra-« dition, avance pas à pas, et n'entend appliquer à « nouveau le système séculaire qu'en ménageant une « véritable transition. Au moment où le mouvement « d'opinion va devenir assez puissant pour amener, « comme en Angleterre, à propos de la ligue des « céréales, un déplacement de la majorité dans le « parlement, l'empire s'impose à la suite de luttes « intestines.

« L'empereur ouvre sans transition les frontières « quand nul n'était prêt, quand l'outillage de la « France était encore imparfait. Les industries crou-« lent les unes sur les autres, à ce point que le mou-« vement ascendant de la richesse de la France est « atteint et subit une sorte de recul. »

Nous ne sommes pas partisans de la protection à outrance de l'industrie française contre l'industrie étrangère; mais nous croyons, avec beaucoup d'esprits réfléchis, que si la liberté absolue ou la concurrence est nécessaire à l'industrie limitée dans les bornes d'une nationalité, le libre échange ou la concurrence universelle des industries est un leurre pour les nationalités dont le capital est inférieur à celui des nations concurrentes. Nous espérons démontrer plus amplement cette manière de voir dans nos études sur le capital, dont l'importance est immense dans l'acte de la production.

Il nous semble qu'il faudrait, par la douane, défendre contre l'extérieur celles de nos industries qui forment la division que nous intitulons industries créatrices, parce que ce sont celles qui nécessitent le plus grand emploi des forces humaines et du capital, et fournir aux autres, par le jeu perfectionné de l'introduction temporaire, les éléments du travail à un prix qui permette la lutte sur le marché extérieur.

Mais, quand nous disons *défendre*, nous voulons parler seulement du moyen d'égaliser le prix des choses sur le marché étranger et sur le marché national par une différence de douane.

Après cette incursion dans le domaine de l'économie

politique, nous revenons à l'économie industrielle, qui sera, à côté des grandes théories dont nous venons de parler, l'étude des moyens pratiques de rendre la production féconde pour celui qui en fait l'objet de ses travaux. Rendre les idées réalisables est un moyen d'être utile qui a son importance. La science pure découvre les lois, l'industrie les applique. Nous nous bornons à ce dernier rôle. Si nous parvenons à indiquer quelques moyens pour éviter ou diminuer les désastres industriels, que des statistiques récentes ont chiffrés à une moyenne de plus de 100 millions par an, nous aurons accompli notre œuvre.

CHAPITRE III.

Définition de l'économie industrielle.

6. — QU'ENTEND-ON PAR INDUSTRIE?

L'économie politique peut être définie la science des lois naturelles du travail : on pourrait aussi l'appeler la science de la richesse, puisque c'est le travail économisé qui la produit. Pour nous, qui voulons étudier l'économie au point de vue spécial des opérations de l'industrie, nous devons essayer de définir d'une manière précise ce que nous voulons dire par le titre d'*Économie industrielle* que nous donnons à ce livre. Et d'abord qu'entend-on par industrie ?

M. Garnier, dans son *Traité d'économie politique*, dit : « Ce mot a un sens analogue à celui de pro-
« duction, mais plus étendu. S'il signifie, comme pro-

« duction, l'action complexe du travail intellectuel ou « musculaire de l'homme et des autres instruments de « production, il signifie aussi l'ensemble des branches « de l'activité humaine. Il a encore un sens plus res- « treint, et signifie plus particulièrement l'un des « groupes de cette activité, l'industrie manufactu- « rière, l'industrie proprement dite. »

M. Bouillet définit mieux, selon nous, dans son *Dictionnaire des Sciences, des Lettres* et *des Arts*, ce qu'on doit entendre par industrie. Il dit : Industrie.

(Du latin *in* dedans, et *struere* construire.)

« On entend ordinairement par ce mot l'art par le- « quel l'homme transforme et approprie à son usage « les matières premières que la nature lui offre, mais « dont il ne pourrait se servir sous leur forme natu- « relle ; en ce sens, on oppose l'industrie à l'agricul- « ture et au commerce. Les économistes étendent ce « mot à toutes les opérations qui concourent à la pro- « duction des richesses. En ce sens, on distingue l'in- « dustrie agricole, l'industrie manufacturière, l'in- « dustrie commerciale.

« L'industrie manufacturière, qui est l'industrie « proprement dite, comprend tous les arts industriels. « Ces arts se multiplient à l'infini, selon les matières « premières qu'ils exploitent (or, argent, pierres

« fines, fer, etc., travaillés par l'orfévre, le bijoutier, « le forgeron, le serrurier), ou selon les besoins qu'ils « sont destinés à satisfaire (besoin de se nourrir, de « se vêtir, de s'abriter ; d'où les industries du bou- « langer, du tailleur, du maçon, etc.). L'étude de l'in- « dustrie, considérée dans ses procédés divers, est « l'objet d'une science spéciale, la technologie. »

7. — DÉFINITION DE L'ÉCONOMIE INDUSTRIELLE.

Quant au mot économie appliqué à l'industrie, il doit exprimer, un peu élargie, l'idée qui lui vient de son étymologie (règle de maison), c'est-à-dire que l'économie industrielle est la science qui a pour but de régulariser, d'organiser l'acte de la production ou de l'appropriation, de façon qu'aucune force, aucune activité ne soit perdue dans les opérations ; que le capital déjà acquis par le travail soit toujours complétement utilisé ; qu'il n'y ait aucune consommation, aucune destruction sans un équivalent de reproduction sous une forme plus avancée ; que l'organisation permette toujours d'aborder les perfectionnements nécessaires pour que la libre concurrence ne devienne pas une source de ruine ; enfin que la production laisse un légitime intérêt ou bénéfice à celui qui l'exploite. Ce bénéfice est le résultat du travail et de l'activité; il représente le surplus de la production sur la consommation : c'est par son accumulation que se constitue la richesse.

8. — IL NE FAUT PAS CONFONDRE LES LOIS DE L'ÉCONOMIE INDUSTRIELLE AVEC CELLES DU TRAVAIL TECHNIQUE.

L'industrie ne crée pas la matière, mais elle la rend propre à être consommée ou utilisée pour les besoins de la vie. L'économie industrielle donne les lois dont l'application doit conduire à la réalisation du bénéfice, résultat des efforts et de l'activité déployée.

On pourrait confondre les lois de l'économie industrielle avec celles du travail technique; mais il convient de faire une distinction que nous croyons bon d'exposer une fois pour toutes.

L'inventeur d'un procédé industriel qui, par ses études, a été conduit à créer ou à perfectionner un produit, formule les lois de son invention. Il explique par quelle voie on doit procéder pour réaliser l'œuvre dont il a fait l'objet de ses études et de ses méditations. Il indique les règles du travail nécessaire pour arriver à ce but : ce sont les lois techniques de la production.

Mais quand l'invention est réalisée, il faut examiner si le coût des valeurs produites, comparé aux valeurs similaires, et comparé aux satisfactions que l'objet doit donner à l'homme, laisse un bénéfice rémunérateur à l'inventeur. C'est alors qu'intervient la science de l'économie industrielle. C'est elle qui étudie le moyen financier du travail et qui, par l'organisation introduite dans les opérations au moyen de l'ordre et de la méthode, réduit le prix de revient au minimum ; c'est elle qui calcule les chances des débouchés, les luttes de la concurrence, les combinaisons commerciales qui en sont la suite. C'est elle qui met en regard du prix de revient le capital nécessaire à l'opération, le travail dépensé, les prévisions à longue échéance de l'emploi des valeurs.

Nous tenons à cette distinction entre la science technologique, qui est en dehors du cadre que nous nous sommes tracé, et la science économique, dont nous essayons de dégager les éléments.

Nous devons encore faire remarquer en passant la différence qui existe entre l'économie politique et l'économie industrielle : la première est prise dans un sens général s'appliquant à l'universalité des choses, sans distinction de nationalité ; la seconde, au contraire, est plutôt personnelle et nationale. Elle expose les lois qui président à la création de la richesse particulière d'un pays.

CHAPITRE IV.

Conditions industrielles de la France.

RÉGIME INTÉRIEUR

---

9. — CONDITIONS DE L'INDUSTRIE FRANÇAISE.

Les conditions dans lesquelles notre industrie peut déployer son activité sont de deux sortes : la première est celle du milieu que lui forment les lois et les mœurs du pays, et que la concurrence intérieure active et féconde ; la seconde est celle qui la met en présence de la concurrence étrangère lorsque, la production dépassant les besoins, l'industriel se trouve dans l'alternative ou de fermer ses ateliers ou d'exporter ses produits à l'étranger.

10. — CONCURRENCE INTÉRIEURE.

Supposons qu'un industriel crée une fabrication spéciale et que, protégé par un brevet, il fasse payer très-cher ses produits. Si ces produits sont nécessaires, l'industriel les vendra et fera de gros bénéfices pendant la durée de son brevet, ce qui est naturel. Mais à l'échéance du brevet, ceux qui auront été témoins de sa réussite organiseront des usines semblables à la sienne et entreront en concurrence, jusqu'à ce que, les besoins de la consommation étant satisfaits, les producteurs cherchent à augmenter la vente par la diminution des prix. Pour vendre à meilleur marché, il faut, ou réduire le bénéfice ou, après avoir perfectionné les moyens de production, diminuer le prix de revient. Cette nouvelle phase industrielle ne tarde pas à se montrer, et c'est alors que, le produit dépassant la consommation, il faut songer à l'exportation; car en industrie celui qui veut prospérer ne s'arrête pas dans le travail. Cette théorie de la production libre et de la concurrence a été expliquée d'une manière précise dans les enquêtes qui ont été faites en 1858 sur les opérations de douane relatives à l'industrie de la production du fer. Tant que le fer a dû être fait au moyen du charbon de bois, dont les quantités étaient limitées par l'étendue forestière de la France, l'érection d'une usine dépendait d'une autorisation gouvernementale qui en limitait le nombre proportionnellement aux quantités disponibles de bois à exploiter en combustible. Le fer restait une matière chère et précieuse. Mais quand l'emploi de la houille a laissé le champ libre à la production métallurgique, l'industrie, après avoir satisfait aux premiers besoins, a successivement augmenté ses quantités produites et diminué ses prix de vente. Aujourd'hui les prix ne sont plus rémunérateurs, et la France se trouve dans la nécessité ou de fermer une partie de ses usines ou d'exporter leurs produits. Un des grands industriels de l'époque, M. Schneider, a expliqué d'une manière précise cette situation. Voici quelques extraits de sa déposition :

« A mon sens, la véritable cause du malaise, c'est « que, sous l'influence des mesures qui ont été prises, « chacun a senti la nécessité de grands efforts pour « lutter. Le moyen auquel on recourt le plus naturel- « lement consiste dans le développement de la pro- « duction et l'amélioration des instruments, dans le « but de diminuer ses frais généraux et d'abaisser « jusqu'à un certain point le prix de revient des pro- « duits.

« Notre prospérité nationale ne peut exister qu'à la

« condition d'une grande exportation. C'est par l'ex-
« portation que nous nous sommes développés et que
« nous avons pu fournir à certains moments, et pres-
« que toujours à des prix très-bas, une alimentation
« nécessaire à nos ateliers. C'est grâce à ce développe-
« ment que nous sommes arrivés, par exemple, à éta-
« blir à 55 centimes le kilogramme des ponts que nous
« vendions il y a dix ans au moins 1 franc. Or la
« possibilité d'établir des ponts à 55 centimes doit
« avoir pour résultat le remplacement des ponts en
« bois partout, et des ponts en pierre presque partout.

« Donc la métallurgie, grâce au développement
« qu'à pris l'industrie de la construction, a pu joindre
« une immense consommation locale à une exporta-
« tion considérable à l'étranger. Toutes nos industries
« sont liées intimement ; elles ont les mêmes intérêts.
« Pour bien voir cet intérêt commun, il faut y regar-
« der d'un peu près, et lorsqu'on souffre, on ne voit
« pas les choses aussi clairement. »

Lorsque le producteur est dans la nécessité d'exporter les produits qu'il crée et dont la quantité dépasse les besoins du pays, il se trouve en présence du produit étranger auquel il fait concurrence, et c'est alors que se présente un fait économique de la plus haute importance, et dont l'économie politique ne tient pas assez compte : c'est que l'industrie la mieux organisée empêche celle qui l'est moins bien de se produire sur le marché.

11. — MOYENS GÉNÉRAUX D'ACTION DE L'INDUSTRIE.

Notre organisation actuelle nous fournit-elle les moyens d'engager sur le marché étranger une lutte avec nos rivaux ? Les avis sont partagés sur ce sujet.

Notre code de commerce et de navigation, nos lois sur les usines, l'ensemble des dispositions du code civil sur la propriété, créent une atmosphère dans laquelle nous devons nous mouvoir.

D'autre part, nos moyens d'action généraux, aussi bien ceux qui sont monopolisés que ceux qui sont librement exploités, viennent compléter par leur composition notre position industrielle. Ces moyens sont les monopoles de l'État :

Les postes,

Les télégraphes.

Les monopoles concédés par l'État :

Les chemins de fer,

Les compagnies de navigation postale,

Les canaux.

Ce sont aussi ceux que fournit l'industrie libre :

L'outillage de nos industries,

Les transports de terre,

La navigation à vapeur ou à voile.

L'influence de nos lois et de nos règlements sur notre situation industrielle est considérable en bien ou en mal. Il paraît que c'est aux lois sur la propriété que l'on doit le peu de développement de l'exploitation de l'agriculture par l'association des capitaux, malgré la dernière loi sur l'hypothèque, qui a permis l'emprunt à longue échéance et à amortissement. Les modifications que les règlements douaniers doivent subir assez fréquemment sont une cause de trouble dans l'industrie, en ce sens qu'il est difficile de faire des combinaisons à long terme sans être assuré de la durée des règlements sur lesquels on s'appuie pour ces combinaisons.

Quant aux moyens d'action libres ou monopolisés, leur développement correspond toujours à une augmentation équivalente d'activité industrielle.

Le réseau de nos grandes routes nationales et celui de nos communications départementales et communales ont été un premier pas dans la voie de l'augmentation des relations commerciales. Nos canaux, quoique peu nombreux, ont donné un élan remarquable à l'industrie, en permettant à nos usines de s'approvisionner des matières premières encombrantes qui leur sont nécessaires, avec des frais insignifiants de transport. Les chemins de fer ont complété cet ensemble de moyens, en facilitant les relations industrielles et les transactions commerciales par la rapidité de leurs mouvements. Enfin les grandes entreprises de navigation subventionnées par l'État nous permettent de porter au loin les produits de notre industrie.

Il n'est plus contesté par personne que les chemins de fer, la navigation à vapeur et les télégraphes ne soient aujourd'hui les principaux éléments de civilisation. Une colonie reliée par la navigation régulière et par le télégraphe reçoit directement l'influence de la mère patrie, et l'on devrait commencer un établissement lointain par l'installation des services réguliers de communication.

Quant à l'industrie libre des transports par la navigation à voile ou à vapeur, elle est en transformation. Espérons que la dernière loi votée sur l'hypothèque maritime, et celles que l'on prépare pour améliorer la partie du code de commerce qui regarde la marine, lui permettront de reprendre en France le rang qui lui appartient, et qu'une réglementation qui n'était plus en rapport avec les besoins nouveaux lui avait fait perdre.

A chaque amélioration de notre outillage national a

répondu un accroissement de notre activité. Aujourd'hui notre industrie produit plus qu'il n'est nécessaire pour les besoins intérieurs de la nation, et elle fait en ce moment un nouvel effort qui mettra ses prix en rapport avec ceux des industries étrangères, et permettra la lutte sur le marché extérieur, lorsque notre navigation libre sera sortie de l'état où elle végètait et s'amoindrissait.

Malheureusement, les derniers événements sont venus grever nos frais généraux d'une somme considérable, et reculer d'autant le moment où nous pourrions entamer la lutte sur le marché étranger. Lors des discussions économiques qui ont eu lieu à la chambre des députés de l'empire, monsieur Rouher donnait un calcul qui montrait que nos industries réunies produisaient annuellement une somme de valeurs dépassant 16 milliards. Notre dette a subi une augmentation d'environ 500 millions par an, et a grevé par conséquent notre production d'environ 3 p. 100 de frais généraux. Il nous faut reconquérir cette augmentation par une plus grande activité et par des perfectionnements de toute sorte.

CHAPITRE V.

Conditions industrielles de la France.

RÉGIME EXTÉRIEUR.

---

12. — DOUANE.

Le régime extérieur de l'industrie française est formé par les lois et les règlements de la douane.

Ces lois et ces règlements sont constamment modifiés, car les mœurs, les habitudes, le perfectionnement industriel en nécessitent tous les jours la révision dans un sens ou dans l'autre. Ils ont pour but de régulariser les rapports commerciaux entre la France et les nations étrangères, au moyen de traités où chaque gouvernement intervient comme contractant et où les intérêts respectifs sont débattus. Le traité de commerce équivaut à un contrat entre deux nations. A la suite des dernières réformes douanières et du traité passé en 1859 avec l'Angleterre, la France a modifié ses relations commerciales avec presque toutes les nations voisines. Elle a de plus réussi en partie à faire entrer les œuvres d'art dans le cadre de ses traités, afin de mettre un terme à la contrefaçon étrangère et de faire profiter ses nationaux des produits de leurs œuvres.

Les traités douaniers ont pour base la réciprocité avec l'étranger à conditions équivalentes. Ainsi, si la nation qui se lie par un traité produit, par exemple, le coton, la France s'engage à recevoir le coton brut pour alimenter ses usines moyennant une faible redevance, destinée, d'une part, à payer les frais de douane et, de l'autre, à laisser dans les caisses du Trésor une certaine somme qui remplace l'impôt que l'industrie, si elle eût été française, eût apporté au fisc. Mais en même temps, en vue de favoriser l'industrie nationale, la France fait ses calculs de façon que le coton qui doit être travaillé par ses industriels ne coûte pas plus cher à ceux-ci que le même produit ne coûte aux industriels voisins. Il s'établit donc une sorte d'égalité, réglée par le jeu des lois douanières, entre les industries similaires des nations voisines. Par contre, la nation qui produit le coton, opère d'une manière identique pour les produits que la France peut lui livrer, en concurrence avec les nations qui peuvent exporter des produits de même nature que les nôtres.

13. — BUT DES LOIS DOUANIÈRES.

La douane poursuit donc plusieurs buts dans les conventions qu'elle fait avec l'étranger : d'abord, elle tend à obtenir les droits d'entrée les plus élevés, pour alléger par cet impôt les charges du budget de l'État, ce qui est juste, puisque le produit étranger ne paie pas d'impôt, tandis que le produit national a subi toutes les charges immobilières, mobilières, de patente et de timbre. Ensuite, elle s'efforce de protéger le travail national par diverses mesures.

En premier lieu, elle favorise l'entrée de la matière brute, qui doit être travaillée dans les ateliers français, par l'abandon du droit d'entrée; et, en égalisant par ce moyen sur le marché étranger nos prix avec ceux des nations concurrentes, elle permet l'exportation de nos produits. Elle fournit ainsi à l'activité nationale les moyens de répandre l'aisance parmi les travailleurs.

En second lieu, elle empêche qu'un produit étranger dont l'équivalent se crée en France, mais à un prix plus élevé, ne vienne détruire sur nos marchés l'industrie qui le livre, jusqu'à ce que la concurrence, intérieure ayant égalisé le prix national et le prix étranger, on puisse donner la liberté d'échange de ce produit.

Les tarifs de douane, tenant compte des différences qui existent entre le prix intérieur et le prix extérieur, égalisent donc la valeur des produits sur le marché français et sur le marché étranger. Ils ont, de plus, cette conséquence, d'empêcher le produit national de dépasser le prix moyen qui sert de base au traité de commerce, en ce sens que, si le prix national s'élève par suite de manœuvres, de coalitions, d'accaparement, le produit étranger vient de suite prendre sa place, de façon que le consommateur soit mis à l'abri des excès de l'industrie.

14. — INTRODUCTIONS TEMPORAIRES.

Comme le prix étranger, dans le cas où il serait inférieur au prix national, empêcherait le produit français d'être exporté, les lois douanières, ainsi que nous venons de le dire, ont cherché à pallier ce fait économique en autorisant l'importation de la matière brute de l'industrie sans droit d'entrée, sous le titre *d'introduction temporaire*.

Le régime des importations ou introductions temporaires date de 1824.

Il a été dans les règlements de la douane une innovation capitale. C'est de l'application de ce régime que date l'extension de notre commerce d'exportation.

15. — THÉORIE DES RÈGLEMENTS SUR L'INTRODUCTION TEMPORAIRE.

Voici la théorie qui a dirigé les auteurs de ce régime douanier.

Toute création industrielle nécessite le concours de trois éléments :

1° La matière qu'il s'agit de transformer ou d'approprier aux besoins de la vie ;

2° La main-d'œuvre qui transforme ou approprie la matière ;

3° Le capital qui fournit l'instrument et qui rémunère l'intelligence de l'industriel.

Si notre sol ne nous livre pas la matière du travail à un prix qui nous permette de vendre l'objet produit ou transformé dans des conditions de concurrence avec les objets similaires des nations qui fabriquent les mêmes objets, nous ne pouvons lutter sur le marché étranger, et toute la main-d'œuvre de l'industrie d'appropriation, qui eût pu être gagnée par nos industriels, va à voisins. Il était sage de mettre ces industriels dans les conditions où se trouvent les fabricants étrangers. Nos ouvriers devant, dans ce cas, profiter de cette main-d'œuvre, et nos capitalistes du loyer du capital utilisé.

Pour appliquer cette théorie, il suffisait d'autoriser nos industriels à acheter la matière à transformer ou à approprier au producteur étranger, placé dans les meilleures conditions pour fournir à bon marché. Nos introducteurs devaient alors réexporter cette matière quand elle aurait subi le travail qui doit la mettre en état d'être vendue sur le marché extérieur. Mais, en cas de non-réexportation, cette matière restant en France payerait le droit d'entrée, qui représente généralement la différence qui existe entre le prix de la même matière en France et à l'étranger. De cette manière, on faisait profiter notre pays d'une somme de main-d'œuvre et de rémunération du capital qui devait être perdue pour lui si l'on n'employait pas ce moyen.

Tous les intérêts se trouvaient, du reste, sauvegardés par le régime de l'introduction temporaire. Nos producteurs de matière première ne pouvaient se plaindre de voir entrer en France des produits à un prix inférieur à leur prix de revient, puisque la matière importée n'était entrée qu'à la condition de res sortir.

16. — INFLUENCE DES INTRODUCTIONS TEMPORAIRES.

Ces principes une fois admis, l'influence des règlements qui en furent la conséquence ne tarda pas à se faire sentir; mais les entraves dont on avait entouré l'introduction temporaire ne permirent pas d'abord de tirer de ce nouveau régime douanier tout le bénéfice qu'on pouvait en attendre. Ainsi, la matière achetée à l'étranger devait être, à son entrée, reconnue par la douane, suivie par elle et surveillée dans les ateliers où elle était élaborée. Elle devait, en outre, être visée à la réexportation, pour décharge de la soumission d'entrée.

L'industrie de modification devait forcément se restreindre aux lieux où la matière étrangère arrivait sans frais de transport, sous peine de perdre, par l'élévation de ces frais, le bénéfice de l'opération. D'un autre côté, la matière, dans sa transformation, ne gardant pas sa forme première, ne pouvait être constatée identique à la sortie par la douane qu'autant que les employés avaient pu la suivre dans tous ses mouvements, d'où il résultait une surveillance inquisitoriale fâcheuse sous tous les rapports. La France travaillait alors sous le régime protecteur le plus absolu, et l'on ne croyait trop faire en multipliant les formalités.

Le pays cependant s'accoutumait aux grandes opérations industrielles, et une fois la consommation intérieure satisfaite, il fallut chercher à vendre le trop-plein à l'extérieur, et l'on pensa à remanier les tarifs de douane.

17. — ABANDON DE L'IDENTIQUE POUR L'ÉQUIVALENT.

Mais les tarifs de douane sont le résultat de conventions entre les nations. Chacune y cherche un avantage personnel, et un accord n'intervient qu'après des concessions mutuelles. On n'en était pas encore arrivé à demander une révision à nos voisins les Anglais, lorsque, en 1856, une idée nouvelle, réglementée par un décret du 17 juillet 1856, vint donner une forte impulsion à notre industrie d'exportation. Nos constructeurs obtinrent, pour l'introduction temporaire, l'abandon de l'identique sur certaines matières, notamment sur le fer. C'est-à-dire que la douane, après avoir constaté à l'entrée en France la nature et le poids des fers introduits, délivre à l'introducteur un acquit-à-caution ou certificat d'imporportation temporaire qui laisse six mois pour réexporter les produits de notre travail. N'exigeant aucunement, comme pour l'identique, que le fer qui entre au Havre soit expédié à l'importateur qui doit l'utiliser, la douane se contente de reconnaître, à la sortie de France, si le fer qui a été travaillé, et qui est exporté de Marseille, par exemple, est bien de même espèce et de même poids, ou l'équivalent, que le fer spécifié sur l'acquit-à-caution d'entrée.

Cette latitude permit aux constructeurs du Midi de s'entendre avec un négociant du Nord, lequel demandait en Angleterre ou en Belgique les fers dont il avait besoin, et pour lesquels il levait un acquit-à-caution d'introduction temporaire. Ce négociant envoyait l'acquit d'entrée à ses commettants du Midi, constructeurs-exportateurs, lesquels présentaient l'acquit d'importation à la sortie de leurs produits manufacturés avec des fers de même nature que ceux introduits dans le Nord, et liquidaient ainsi l'acquit délivré au négociant. L'importateur et l'exportateur se partageaient le prix d'entrée du fer, et évitaient le transport à travers la France du fer importé. Le constructeur, prenant ses fers dans les forges de son voisinage, profitait de cette moitié du droit d'entrée et diminuait d'autant ses prix de revient. A la suite du décret du 17 juillet 1856, l'industrie d'exportation se développa; mais, comme le bassin de la Méditerranée devint le point le plus considérable de l'exportation des produits métallurgiques, les maîtres de forges du Nord, que l'introduction des fers à titre de réexportation gênait, se remuèrent, et sous leur impulsion on cria à l'immoralité du trafic des acquits-à-caution.

L'influence des maitres de forges fut assez puissante pour que, sous leur pression, le premier acte du ministère Émile Ollivier fût d'annuler la mesure prise par le décret de 1856, en exigeant que l'introduction temporaire fût remise sous le régime de l'identique. Depuis lors, les événements aidant, l'industrie d'exportation des constructions en fer est tombée dans le marasme.

18. — L'ÉQUIVALENT NE LÈSE LES INTÉRÊTS DE PERSONNE.

L'introduction temporaire sous le régime de l'équivalent, avec l'usage de l'acquit-à-caution, tel qu'il a été pratiqué de 1856 à 1870, est-elle, pour les maîtres de forges, une mesure qui leur soit désastreuse? Nous ne le pensons pas, et voici les raisons de cette manière de voir.

En premier lieu, il est à remarquer que, grâce aux chemins de fer qui relient presque toutes les usines françaises, il n'y a plus aujourd'hui qu'un seul prix régulateur de la valeur du fer : c'est le marché de Paris qui le donne. Il y avait autrefois le prix de la Loire au marché d'Angers, le prix du Midi à Lyon, celui de Bordeaux, celui de Paris. Avec le cours unique de Paris, l'introduction par le Nord ne peut faire diminuer la vente des usines de cette région, dont les produits, refoulés par les entrées à charge de réexportation, doivent venir prendre la place des mêmes quantités que les industriels exportateurs du Midi doivent prendre dans les forges de leur région.

En second lieu, les règlements de douane n'admettant en sortie que des quantités égales à celles de l'entrée, on conçoit que le déchet de travail doive être pris dans les usines françaises. On ne peut évaluer ce déchet à moins de 10 à 12 p. 100; c'est donc, sur 1,000 tonnes de produits exportés, 100 à 120 tonnes que les usines de France doivent fournir. Il y aurait donc avantage pour les maîtres de forges à ce que l'industrie d'exportation du fer prît un large développement.

Il y a lieu d'espérer que l'on reviendra à des idées plus justes sur les introductions temporaires, et qu'au lieu de suivre le mouvement rétrograde de 1870, on facilitera, au contraire, l'industrie d'exportation en enlevant les obstacles que l'on avait cru devoir élever sur la demande des producteurs de matières premières.

Loin de considérer l'acquit-à-caution à ordre comme un trafic irrégulier, on en élargira l'usage en l'étendant à toutes les matières premières. L'acquit-à-caution d'importation temporaire est à l'industrie ce que la lettre de change est au commerce. Au lieu de forcer le banquier à envoyer des fonds par le chemin de fer des régions du Midi dans celles du nord de la France, les usages de la banque lui donnent les moyens plus simples de s'acquitter par une traite. Quelle différence y a-t-il entre la commission payée au banquier qui se charge du mouvement des fonds et la portion du droit d'entrée que l'importateur paye à l'exportateur? Nous n'en voyons aucune. La valeur du fer, comme la valeur de l'argent, est le régulateur de ces transactions. Si le prix du fer français s'abaisse au-dessous du prix anglais augmenté du droit d'entrée, l'introduction diminue, et l'exportateur se contente d'une soulte minime ou prend son fer en France. Si c'est le contraire qui a lieu, l'exportateur devient exigeant, et le partage est en sa faveur. N'est-ce pas le même mouvement que dans les opérations financières ?

En résumé, nos règlements douaniers ne sont pas prohibitifs. Ils sont basés sur une protection modérée qui a pour but d'égaliser nos prix avec ceux des producteurs étrangers.

19. — L'INTRODUCTION TEMPORAIRE EST LE COROLLAIRE DE LA PROTECTION MODÉRÉE.

Les règlements sur l'introduction temporaire sont les corollaires de notre système de protection, et permettent à notre industrie d'aller lutter avec nos concurrents sur les marchés étrangers. La matière première du produit destiné à la réexportation, ne faisant que transiter dans le pays, laisse en bénéfice toute la main-d'œuvre et tout le loyer du capital nécessité par la transformation de cette matière.

C'est sous l'influence de ce régime que doit se mouvoir notre industrie.

On comprend combien la discussion d'un traité de commerce est chose délicate, et quelle connaissance il faut avoir des nécessités du travail pour ne pas commettre des erreurs qui pourraient être désastreuses pour le pays. Si, d'un côté, l'industrie exige que le régime douanier conserve une certaine fixité pour lui permettre de faire des transactions à long terme, on comprend, de l'autre, que les rapides perfectionnements de l'industrie doivent nécessiter de temps en temps des révisions, pour tenir au courant de ces perfectionnements les règlements douaniers et les traités commerciaux.

En dehors de nos relations industrielles avec les nations étrangères, il est facile de comprendre de quelle puissante ressource, pour l'industrie d'une nation, sont les nombreuses colonies reliées à la mère patrie par une communauté d'intérêts. Les colonies, avec leur climat particulier, fournissent les matières premières que l'industrie perfectionnée de la mère patrie met en œuvre. Plus les différences de nature sont grandes, plus est grand l'avantage qu'en retirent les deux parties.

Le déploiement des industries de transport par mer devient lui-même une source féconde de travail.

CHAPITRE VI.

Classification des industries.

---

20. — CLASSIFICATION DES INDUSTRIES PAR LES ÉCONOMISTES.

Les économistes ont formé une classification des diverses industries, et voici comment ils divisent le travail humain, d'après le *Traité d'économie politique* de M. J. Garnier.

PREMIÈRE DIVISION.

Les arts agissant sur les choses constituent l'industrie matérielle, ayant pour objet :

L'industrie extractive ;
— voiturière ;
— manufacturière ;

L'industrie constructive;
— agricole;
— commerciale.

2e DIVISION.

Les arts agissant sur les hommes constituent l'industrie immatérielle, ayant pour objet principal, savoir :

Le physique de l'homme ;
L'intelligence de l'homme;
La moralité de l'homme;
La sécurité et la justice.

Au sujet de ce tableau de l'activité humaine, il y a lieu de remarquer que la première division forme à elle seule ce qu'on est convenu de désigner sous le nom d'industrie.

La seconde division, qui se compose en grande partie de ce qu'on est dans l'habitude d'appeler les arts libéraux, n'est pas de notre ressort.

Les six classes de la première division, qui forment l'industrie proprement dite, ne représentent qu'imparfaitement la succession des opérations dans l'œuvre de la production. Elles ne représentent pas mieux les industries par leur nature. Cette classification nous a paru insuffisante.

21. — CLASSIFICATION DES INDUSTRIES A L'EXPOSITION DE 1867.

Les ordonnateurs de l'Exposition universelle de 1867, à Paris, avaient divisé les industries en quatre-vingt-quinze classes, lesquelles, divisées elles-mêmes en dix groupes, représentaient toutes les branches de l'activité humaine, depuis les besoins de la nourriture, du vêtement, de l'habitation, jusqu'aux industries scientifiques les plus élevées. Les beaux-arts y figuraient en première ligne, et les objets destinés au perfectionnement moral des sociétés terminaient ce cycle de la production. Tout y était représenté, jusqu'aux aspirations les plus élevées de l'esprit. Voici cette division :

1er Groupe. Œuvres d'art ;
2e — Matériel et applications des arts libéraux;
3e — Meubles et objets destinés à l'habitation ;
4e — Vêtements et autres objets portés par la personne;
5e — Produits bruts et ouvrés des industries extractives ;
6e — Instruments et procédés des arts usuels ;

7e Groupe. Aliments frais ou conservés à divers degrés de préparation ;

8e — Produits vivants et spécimens d'établissements de l'agriculture ;

9e — Produits vivants et spécimens d'établissements de l'horticulture ;

10e — Objets spécialement exposés en vue d'améliorer la condition physique et morale de la population.

Si l'on avait réuni le 10e groupe aux deux premiers, la classification eût été plus régulière. Elle eût développé dans un autre sens celle de M. Garnier. L'industrie extractive et l'industrie manufacturière comprennent les groupes 5, 6, 7, 8 et 9. L'industrie constructive réunit les groupes 3 et 4. Le groupes 1, 2 et 10 sont formés de la division qui constitue les arts agissant sur les hommes, ou industrie immatérielle.

Malgré ce que ces classifications ont d'ingénieux, elles ne sont pas à l'abri de la critique. Si l'on ne peut contester que les entreprises de transports, que le commerce, ne soient des industries, on doit admettre aussi que ces industries, de même que celles de la Banque, ne s'exercent en aucune façon comme l'industrie manufacturière, dont le but est de transformer et d'approprier la matière aux besoins de la vie. Elles sont des intermédiaires nécessaires, indispensables, si l'on veut, mais non des industries créatrices.

22. — BASES D'UNE NOUVELLE CLASSIFICATION DES INDUSTRIES.

Quant à nous, il nous paraît naturel de partager les diverses branches de l'activité humaine en quatre divisions, basées :

1° Sur la création de la matière brute ;

2° Sur la préparation de la matière brute en produit plus avancé ;

3° Sur l'appropriation définitive aux besoins et à l'usage de la vie ;

4° Sur les opérations intermédiaires : transports, banques, commerce.

En conséquence, voici comment nous croyons qu'on peut dresser une classification générale des industries, que nous appellerons classification naturelle.

23. — CLASSIFICATION NATURELLE DES INDUSTRIES.

La terre et les mers fournissent les éléments du travail.

PREMIÈRE DIVISION.

Grandes industries créatrices de la matière brute.

MÉTAUX ET MINÉRAUX.

Métaux. — Or, argent, fer, cuivre, étain, etc.

Minéraux. — Houilles, chaux, marbres, sels, etc.

Industries des mines, des carrières, des salins. Recherches, sondages, puits, galeries, épuisements, chemins de fer sous terre et sous sol, etc. Travaux d'exploitation. Les frais d'exploitation des industries créatrices comprennent :

1° Le travail de l'ouvrier (main-d'œuvre) ;

2° L'intérêt du capital immobilisé, bâtiments et matériel, les études premières, la direction (frais généraux).

Le produit brut (A) est destiné à être mis en œuvre par l'industrie de transformation.

Les industries des mines sont, en général, formées par l'association, sous l'influence de nos lois sur les sociétés. Il en est cependant qui sont la propriété d'une seule personne ; mais alors on peut être assuré que la mise en œuvre est facile, et que l'exploitation ne nécessite pas, comme celle des autres, une mise de fonds première considérable et des études techniques spéciales.

PRODUITS VÉGÉTAUX ET ANIMAUX.

Végétaux. — Forêts, céréales, oléagineux, vignobles, textiles.

Animaux. — Pêches, chasses, dépouille des animaux.

Industrie des grandes exploitations forestières et agricoles, des pêcheries maritimes, etc. Défrichements, desséchements, irrigations, drainages, élevages, etc.

Les frais d'exploitation de ces industries sont formés :

1° Du travail de l'ouvrier (main-d'œuvre) ;

2° De l'intérêt du capital immobilisé : bâtiments et matériel, cheptels ; des dépenses des études premières et de la direction (frais généraux).

Le produit (B) est destiné a être mis en œuvre par l'industrie de transformation.

Les grandes exploitations forestières et agricoles sont généralement des industries personnelles. Les lois sur la propriété d'une part, l'éloignement et l'éventualité des résultats de l'exploitation de l'autre, rendent très-difficile, sinon impossible, leur mise en œuvre par l'association.

Il est à remarquer que, dans cette première division des industries, le prix de revient ne comporte généralement que deux éléments :

1° L'élément main-d'œuvre ;

2° L'élément capital, ou frais généraux.

2e DIVISION.

Grandes industries de transformation de la matière brute.

MÉTAUX ET MINÉRAUX.

Transformation de la matière brute en matière de confection ou d'appropriation par les procédés chimiques, physiques ou mécaniques :

Usines métallurgiques ;

Produits chimiques ;

Marbreries, minéraux ;

Faïences, porcelaines, verreries, etc. ;

Les frais d'exploitation comprennent :

1° Le travail de l'ouvrier (main-d'œuvre) ;

2° L'intérêt du capital immobilisé, bâtiments, matériel, les études premières, la direction (frais généraux) ;

3° La valeur de la matière brute (A), créée par les industries de la 1re division (matière).

Le produit est destiné à la confection ou à l'appropriation (C).

VÉGÉTAUX ET PRODUITS ANIMAUX.

Transformation de la matière brute en matière de confection ou d'appropriation par les procédés chimiques, physiques, mécaniques :

Minoteries, huileries;

Filatures, tissage;

Tanneries, corroieries;

Distilleries, corps gras, savonneries;

Sucreries;

Gaz, stéarineries;

Industries complémentaires, etc.

Les frais d'exploitation comprennent :

1° Le travail de l'ouvrier (main-d'œuvre);

2° L'intérêt du capital, immeuble, science, direction (frais généraux;

3° La valeur de la matière brute (B) (matière).

Le produit est destiné à la confection ou à l'appropriation (D).

La seconde division des industries n'opère que sur la matière brute déjà créée, dans le but de l'amener à un état d'avancement qui ne laisse plus à faire qu'un travail de modification ou d'appropriation, pour la rendre utilisable par les industries de la 3e division.

Le prix de revient comporte trois éléments bien définis, mais se combinant en diverses proportions dans le résultat final. Ce sont :

1° La main-d'œuvre ;

2° Les frais généraux ;

3° La valeur de la matière première.

Les industries de la seconde division sont personnelles ou collectives, suivant l'importance du capital qu'elles nécessitent.

3e DIVISION.

Industries de confection ou d'appropriation.

AYANT POUR OBJET L'HABITATION ET L'OUTILLAGE.

Pierres et marbres;

Décoration, peinture;

Charpenterie, menuiserie ;

Machines;

Chemins de fer, etc.

Les frais d'exploitation sont formés :

De main-d'œuvre ;

De matières (C et D) ;

De frais généraux.

Produit définitif directement utilisable.

AYANT POUR OBJET LE VÊTEMENT, LES USTENSILES DE TOUTE SORTE.

Meubles ;

Vêtements ;

Ustensiles d'usage journalier, etc.

(Même compte d'exploitation que ci-dessus.)

AYANT POUR OBJET LA NOURRITURE. L'ÉCLAIRAGE, LE CHAUFFAGE, ETC.

Boulangerie ;

Boissons de toute nature ;

Conserves alimentaires, etc.

(Même compte d'exploitation que ci-dessus.)

AYANT POUR OBJET LES BESOINS INTELLECTUELS.

Papeterie ;

Librairie ;

Imprimerie ;

Photographie ;

Gravure, lithographie, etc. ;

Musique ;

Instruments d'étude de science et d'art.

Ces industries sont celles des fabricants. Elles sont individuelles, et ne nécessitent le plus souvent qu'un outillage restreint, sans capital de roulement considérable.

La valeur de la matière première est d'une importance considérable dans cette classe d'industries. Les frais généraux, au contraire, y sont peu élevés, et se confondent souvent avec la dépense de la main-d'œuvre.

4e DIVISION.

Industries intermédiaires.

Banques diverses : d'échange, de dépôt, de prêt ;

Magasins et docks ;

Agents de change, courtiers ;

Navigation, exploitation ;

Chemins de fer, exploitation ;

Commerce.

Les frais d'exploitation des industries intermédiaires ne sont, en général, composés que de la nature de dépenses que nous désignons sous le nom de (frais généraux).

Cette classification doit être complétée par celle des divers moyens d'action dont on dispose pour les opérations de l'industrie.

24. — LE TRAVAIL INDUSTRIEL EST EFFECTUÉ DE TROIS MANIÈRES.

L'industrie la plus simple est celle de l'homme isolé qui, par son travail, approprie les choses matérielles de la nature à son usage ; dans cet état, elle n'a nul besoin de capital acquis. Pourvu que l'homme prévoie l'époque où les objets lui manqueront et qu'il fasse une réserve sur son travail pour s'en servir dans la disette, il est satisfait. Son industrie est primitive ; le travail de ses mains, régularisé par la prévoyance, pourvoit à sa vie.

Après l'isolement du sauvage, nous trouvons l'homme réuni en grandes familles. Dans ce état plus avancé, il ne suffit plus à créer les objets plus nombreux et plus variés dont sa civilisation, quoique restreinte, lui a fait un besoin ; il se trouve forcé de spécialiser son travail, et fait en quantité les objets qu'il réussit le mieux à produire, et l'échange lui permet, au moyen de cette petite industrie personnelle, de se procurer ce qu'il ne peut faire lui-même.. Plus tard, ses fils joignent leurs efforts aux siens pour suffire à la demande des mêmes objets : on a la première fabrique.

Puis la civilisation s'élève, la consommation s'élargit et répand le bien-être. On cherche à fabriquer par des moyens savants une plus grande somme d'objets, et l'on reconnaît cette loi essentielle, que, par l'association d'efforts et la division du travail, le prix de l'objet diminue relativement à la quantité fabriquée. Il s'ensuit une production plus considérable ; le consommateur en profite et la consommation augmente d'autant. Le produit s'accumule par suite de l'économie, et l'économie forme le capital. Appuyé sur le capital économisé, l'homme dompte la nature, il produit de toutes pièces des machines qui multiplient sa force et ne lui laissent plus que le travail intelligent à exécuter. Il élève de grandes usines, il construit des vaisseaux pour faciliter les relations entre les peuples, il creuse les canaux qui rendent le transport facile, il invente les chemins de fer qui multiplient le temps par la rapidité des communications, il élève des monuments, et enfin son esprit, dégagé de l'incertitude sur la satisfaction de ses besoins physiques, s'élève par l'instruction et la moralité.

Telles sont, pensons-nous, les diverses phases par lesquelles l'homme isolé est arrivé à l'association et à la civilisation. C'est aussi dans cette marche que nous devons trouver un des éléments de la classification de l'industrie. Pourquoi ne dirions-nous pas qu'il y a :

L'industrie personnelle ;

L'industrie en association d'efforts ;

La grande industrie, basée sur l'association des capitaux accumulés, des aptitudes et de la science acquise ?

25. — INDUSTRIE PERSONNELLE.

En désignant la première division sous le nom d'industrie personnelle, nous ne voulons pas seulement dire l'industrie primitive du sauvage qui chasse ou qui pêche pour sa nourriture ; nous voulons parler de celle qui peut être exercée, même dans le milieu de notre civilisation, sans un capital acquis, sans machine. Ainsi, le boulanger qui achète sa farine et vend le même jour le pain qu'il a produit ; le tailleur à façon à qui l'on remet l'étoffe, et qui en confectionne un vêtement moyennant une somme déterminée ; l'ouvrier qui va donner son temps dans une usine, et qui reçoit son salaire en échange ; l'artiste, enfin, qui, sans capital, tire de son propre fonds, intelligence et imagination, des valeurs considérables, sont des travailleurs isolés dont les efforts restent individuels. C'est l'industrie personnelle.

26. — INDUSTRIE EN ASSOCIATION D'EFFORTS.

L'industrie en association est le commencement de la véritable industrie. Des efforts communs, un premier capital représentant la valeur des outils et des matières sur lesquelles le travail journalier doit s'exercer, prennent par leur association une importance réelle dans l'œuvre de la production.

27. — GRANDE INDUSTRIE.

Enfin, la grande industrie, qui s'appuie sur l'emploi des capitaux accumulés et sur l'union des aptitudes et de la science, a permis certaines créations qu'on n'eût pu aborder sans cet ensemble de forces considérables. Ainsi les recherches de la houille et sa mise en exploitation n'ont été possibles que dans notre siècle. L'admirable entreprise des chemins de fer qui sillonnent l'Europe n'a été réalisable qu'après les nombreux perfectionnements apportés aux industries puissantes qui lui fournissent les métaux et le combustible.

28. — OBSERVATIONS SUR CETTE CLASSIFICATION.

On comprend cependant que les diverses industries, classées comme nous l'avons dit dans ce chapitre, puissent être exercées chacune à part par une seule personne. L'industriel qui travaille isolément se sert d'objets ou de matières créés par un premier travailleur, transportés par un second et préparés par un troisième. Ce que nous tenions à expliquer, c'est que l'économie industrielle doit faire une distinction entre :

L'industrie individuelle ou personnelle ;

L'industrie en association d'efforts;

La grande industrie, appuyée sur l'association des capitaux, des aptitudes et de la science, parce que, selon que l'industrie procède de l'une ou de l'autre de ces divisions, les lois de l'organisation doivent être appropriées à ses moyens.

Mais ces divisions sont arbitraires quant au but lui-même de l'industrie, et il est facile de comprendre que la classification que nous avons exposée n'a que des rapports indirects avec les modes d'organisation que nous venons d'expliquer.

Il est en outre à remarquer que la création ou l'appropriation de la matière doit passer par une succession d'opérations qu'il n'est guère possible d'intervertir. Quelle que soit la manière dont l'industriel entend employer ses capitaux, quelle que soit la nature de l'opération dont il veut faire le but de son entreprise, cette opération prendra toujours sa place dans l'ensemble. Ainsi, que ce soit individuellement, en association limitée ou en grande association, la succession des opérations ne varie pas : l'homme doit d'abord extraire la pierre qui formera son habitation, puis la transporter à l'endroit où il a décidé de se fixer ; il doit la préparer et enfin la placer. Dans un autre ordre d'idées, celui qui crée la soie la livre à celui qui la prépare ou l'approprie ; mais il doit pour cela l'envoyer souvent très-loin, de la Chine en France, par exemple. L'industrie des transports intervient, et conduit à l'industriel qui fabrique les étoffes, la matière première de son industrie. Celui-ci utilise cette matière, et en prépare des étoffes qu'il confie à son tour au transporteur ou au négociant. Enfin, le confectionneur approprie ces produits aux besoins de la vie.

L'industrie ne représente qu'une succession de manœuvres et de mouvements dont la classification générale ne peut être rigoureusement exacte. On conçoit facilement du reste que, quelle que soit la nature de l'industrie ou à quelque genre qu'elle appartienne, elle peut former l'objet d'une entreprise particulière. Le mode d'action par lequel s'exerce le travail industriel peut même former une industrie spéciale qui vient concourir à part, dans l'ensemble des opérations par lesquelles la matière doit passer avant de devenir produit utilisable.

Une partie de l'agriculture, le jardinage, est une industrie complète. Le transport est une industrie qui, dans ces derniers temps, est devenue une des plus puissantes. Dans la construction, il peut arriver qu'un industriel se charge d'une certaine partie du travail qu'un autre industriel complète sous sa responsabilité personnelle.

Presque toujours la petite industrie individuelle et même celle de l'association simple d'efforts, ont pour but une portion distincte du travail général. La grande industrie, au contraire, englobe assez généralement les divisions particulières du travail et prend la matière à son début, à son état brut de création, pour la faire passer par toutes les opérations intermédiaires du travail, et la livrer toute préparée pour la consommation à l'intermédiaire commissionnaire ou au marchand spéculateur.

CHAPITRE VII.

Ce qu'on entend par prix de revient.

29. — IMPORTANCE DE L'ÉTUDE DU PRIX DE REVIENT.

Dans notre « Traité de comptabilité et d'administration industrielles » (voir chapitre XIII, n°s 140 à 155), nous avons abordé quelques-unes des questions que ce sujet comporte; mais le but que nous poursuivions était différent de celui qui nous occupe aujourd'hui. Nous n'étudiions alors le prix de revient que pour résoudre les problèmes qu'il soulève dans l'organisation accessoire de l'administration et de la comptabilité. Dans le présent ouvrage, nous avons l'intention d'exposer les règles générales qui doivent servir de guide dans la recherche du prix de revient, but principal des études dans une entreprise industrielle. C'est la base de toute affaire sérieuse. Si le prix de revient, comparé au prix de vente, permet d'obtenir un bénéfice légitime, l'affaire est viable. Un résultat excellent prouve qu'elle est bien gérée.

30. — QU'ENTEND-ON PAR PRIX DE REVIENT ?

Le prix de revient représente toute la dépense qu'a faite un industriel pour produire un objet prêt à être livré au commerce et immédiatement utilisable. Cette définition nous semble claire; mais elle est insuffisante en ce sens que l'expression *toute la dépense* laisse à l'esprit quelque chose de vague. En effet, les industriels ne sont pas encore bien fixés sur tous les genres de dépense qui doivent concourir à former le prix de revient.

L'entrepreneur qui construit une maison pour le compte d'un propriétaire, doit d'abord faire des études préparatoires et dresser des plans; ensuite, pour passer à l'exécution, il lui faut acheter certains engins et faire venir à pied d'œuvre les matériaux qui doivent entrer dans la construction; enfin il doit prendre des ouvriers, des contre-maîtres, quelques employés, débattre les prix, et faire en sorte que, chaque chose venant à sa place, il n'y ait ni temps perdu, ni mouvement sans but, ni efforts sans résultat.

La maison terminée, il réunira toutes ses dépenses

écrites au fur et à mesure qu'elles se sont produites, et il y ajoutera l'intérêt de l'argent dépensé depuis les dates de sortie de sa caisse, parce que, s'il ne possédait pas alors cet argent, il aurait dû l'emprunter et que, s'il le possédait, il était juste qu'il en retirât un intérêt.

Il reste encore une sorte de dépense à joindre à tout cela : ce sont les frais que l'entrepreneur doit faire personnellement, tels que le loyer de ses bureaux, la patente, l'impôt, l'assurance, les ports de lettres, les papiers, les registres, les frais de toute sorte que nécessite un bureau.

Si l'entrepreneur ne fait que cette seule entreprise, tous ces frais incomberont naturellement au prix de revient de l'immeuble construit. Mais s'il entreprend plusieurs constructions en même temps, on conçoit qu'il doive en faire une division proportionnelle entre chacun des travaux qu'il exécute. Il ajoutera donc aux frais de toute sorte mentionnés plus haut une somme pour ses dépenses de bureau, et il aura un total qui formera la valeur de la maison construite.

Cependant on doit faire une défalcation sur ces dépenses. Les engins, grues, machines à mortier, locomobiles à vapeur, etc., qu'il a achetés pour rendre son travail plus rapide et moins coûteux, et qu'il a entretenus pendant leur fonctionnement, ne sont pas détruits, ils peuvent encore être utilisés. Il est donc nécessaire de les estimer à leur valeur du moment et de diminuer cette valeur du total trouvé. La différence entre le prix d'achat originaire et le prix présent formera l'amortissement qui restera au compte du travail.

31. — COMPOSITION DES DÉPENSES FORMANT LE PRIX DE REVIENT.

On voit donc que le travail comprendra dans sa dépense :

1° La valeur de tous les matériaux ;

2° Le travail des hommes ;

3° Le travail des machines,

Les frais d'études,

Les frais de bureau,

L'entretien et l'amortissement du matériel,

Enfin, l'intérêt de l'argent.

Il reste à ajouter, pour trouver le prix auquel le travail exécuté doit être payé à l'entrepreneur, le bénéfice qu'il doit en retirer. Ce bénéfice est difficile à calculer. C'est une affaire d'appréciation personnelle qui a pour limite le besoin que le propriétaire de l'immeuble peut avoir des talents de l'entrepreneur, limite où intervient naturellement le nombre d'hommes de valeur égale dont on peut se servir. Laissons donc de côté cet élément du prix de revient, élément qui, ainsi que nous l'avons dit en commençant, est éminemment variable et indépendant, et qui n'est fixé régulièrement que par une transaction entre deux personnes agissant librement, pour nous occuper des éléments qui forment le prix de revient.

Quel que soit le produit qui fait l'objet d'une industrie, les explications que nous venons de donner suffisent à montrer comment on peut s'en rendre raison. Il est clair en effet qu'au lieu d'une maison, un entrepreneur peut en construire plusieurs et même en faire une industrie continue. Le constructeur qui exécutera une machine locomotive, pourra en faire beaucoup de semblables. Enfin un producteur de savon, par une fabrication continue, toujours la même, peut livrer au commerce de grandes quantités de la même marchandise. Pour connaître ses prix, il devra toujours faire une somme de ses dépenses, et la mettre en regard de la quantité produite.

L'industriel, après avoir calculé ses opérations, est maître du prix de revient, c'est-à-dire qu'il le connaît; mais il ne peut être maître du prix de vente, qui se fixe en dehors de lui, et qui dépend de lois sur lesquelles le producteur n'a aucune espèce d'influence. Ces lois sont celles de l'offre et de la demande.

CHAPITRE VIII.

Éléments de la production industrielle et formule du prix de revient.

32. — DES ÉLÉMENTS DE LA PRODUCTION INDUSTRIELLE.

Le travail a pour effet de donner de l'utilité aux choses ou d'en augmenter la valeur par une nouvelle application aux besoins de la vie. La nature crée la matière, et nous l'approprions ou nous la transformons en matières différentes destinées à de nouvelles opérations.

Les économistes prennent les éléments que la nature met à notre disposition pour un des termes de la composition de la valeur des choses. M. Joseph Garnier donne ainsi qu'il suit la nomenclature des instruments généraux de la production dans son *Traité d'économie politique*.

Nous donnons cette nomenclature à titre de renseignement général, et pour bien fixer les idées sur le but de notre travail.

Les fonds productifs d'une société dit M. Joseph Garnier se composent :

1° Des instruments naturels communs.

La mer, les cours d'eau publics, l'atmosphère, la chaleur et les forces physiques ou chimiques mises à la disposition de tout le monde.

2° Des instruments naturels appropriés.

La terre. — Le sol servant à la culture et aux exploitations de toute sorte, les cours d'eau, les mines, etc., devenus propriétés.

Le travail. — Facultés du savant, inventeur, dépositaire ou vulgarisateur. Celles de l'industriel extracteur, cultivateur, manufacturier, commerçant. Celles de l'ouvrier : agent d'action.

3° Des intruments artificiels ou acquis.

Capital Matériel comprenant : les provisions, semences, matières premières, produits fabriqués, machines, bâtiments, bestiaux, monnaies, améliorations résultant d'une industrie antérieure.

Capital Moral, tel que clientèle, talents acquis, habitudes morales.

Cette nomenclature des éléments du travail est logique, mais elle est prise d'un point de vue trop élevé pour nous ; nous devons la ramener à des termes plus simples pour rester dans notre rôle. Laissant de côté les instruments naturels communs, nous avons adopté une division différente, plus en rapport avec le sujet que nous nous proposons de traiter, et nous dirons que les éléments de production que l'industrie met en jeu sont de trois sortes :

1° La matière première ;

2° La main-d'œuvre ou le travail musculaire et intelligent de l'ouvrier ;

3° Les frais généraux ou dépense du capital, science technique, valeur morale, réserve et capitaux accumulés.

Nous appellerons *matière première* celle que l'industriel doit extraire, multiplier, transformer ou approprier aux besoins de l'homme, que ces matières soient les minéraux, les métaux, les végétaux ou les produits animaux.

La matière première sera le minerai, la pierre, le fer, le blé, la laine, etc., que l'homme modifie au moyen des forces de la nature et de son propre travail.

La matière première d'une industrie sera l'état dans lequelle elle entrera dans le roulement de cette industrie, quel que soit son état antérieur de modification ou d'avancement.

Nous appellerons *travail ou main-d'œuvre* toute opération directe de l'esprit ou du corps faite pour un salaire journalier, en vue de créer, modifier ou approprier la matière première.

On fait en industrie une différence très-grande entre le travail musculaire ou intelligent de l'ouvrier et le travail de l'industriel, voici pourquoi : le travail de l'ouvrier a une application spéciale à l'objet qu'il produit. L'ouvrier passe un nombre quelconque d'heures pour produire cet objet. On peut déterminer ce temps et le calculer à un prix fixe en dehors des chances de l'entreprise. Le travail de l'industriel s'applique à l'ensemble des opérations, sa rémunération repose sur la réussite de ses prévisions.

Enfin, nous désignons sous le nom de *frais généraux* les dépenses suivantes :

1° Le loyer du capital provenant d'une réserve antérieure faite sur la consommation et permettant, d'une part, d'augmenter les moyens d'action par l'étude et la confection d'engins nouveaux de production, et de l'autre, de faire des approvisionnements de toute nature.

2° La capacité technique ou morale de l'industriel.

L'intérêt de la réserve accumulée, la rémunération du travail de l'industriel, doivent s'appliquer à l'ensemble de l'entreprise et frapper d'une manière proportionnelle chaque partie de la production.

Lorsque nous parlerons de frais généraux, il devra donc être entendu que cette nature de dépense représente le loyer du capital acquis, la valeur intellectuelle, les risques de l'industriel. Mais il convient d'ajouter qu'à ces dépenses doivent être réunies toutes celles qui sont faites par suite de manœuvres diverses, sans application à un travail spécial. Nous expliquerons au chapitre XII ce qu'on doit comprendre sous ce titre.

33. — FORMULE DU PRIX DE REVIENT.

Les frais de la production ou le prix de revient sont donc composés de trois éléments principaux, qui sont :

A. La valeur de la matière première de l'industrie.

B. La valeur du travail nécessaire pour rendre utilisable la matière première.

C. Le loyer du capital, du matériel et les frais de direction de l'industrie.

Réunissant ces divers éléments de la production, on obtient l'unité produite X, but de l'industrie. La valeur de cette unité sera alors représentée par la formule

$$\frac{A + B + C}{X}$$

Des trois éléments du calcul, le premier ne donne lieu à aucun malentendu.

Quant au deuxième et au troisième, il y a souvent une difficulté à les bien préciser, puisque le travail de l'ouvrier, quand il n'est pas appliqué à une opération motivée par l'industrie, peut avoir pour but un entretien, un service, ou tout autre motif en dehors du mouvement technique de la production.

34. — CONNEXITÉ DES DÉPENSES, MAIN-D'ŒUVRE ET FRAIS GÉNÉRAUX.

Cette connexité dans les dépenses de la main-d'œuvre et des frais généraux résultant de l'emploi des machines n'a pas été présentée d'une manière plus saisissante que dans l'enquête qui a été faite en 1859 au sujet des industries textiles. Au commencement du siècle le revient du drap était représenté par :

Matières brutes,	50 %
Main-d'œuvre,	35 %
Frais généraux,	15 %

À l'époque présente, ce revient est représenté par :

Matières brutes,	50 %
Main-d'œuvre,	20 %
Frais généraux,	30 %

En effet, la plus grande somme de travail dévolue à l'homme, il y a soixante ans, se trouve faite aujourd'hui par des machines qui ne peuvent travailler que sous forme de frais généraux.

En disant que le travail devenu mécanique, doit passer dans la division des dépenses désignées sous le nom de frais généraux ou dépenses du capital, nous sommes amené à en exposer les raisons.

En général, le travail mécanique ne peut être utilisé qu'en vue de produire des efforts continus et du même genre pour une production d'une seule nature. En effet, une machine motrice est appliquée à donner le mouvement à des outils de divers genres exécutant une opération toujours la même : par exemple, à projeter du vent dans la tuyère du haut fourneau ; à faire tourner le cylindre ou frapper le marteau des fabriques de fer ; à tourner les meules des moulins ; à mettre en jeu les tours, les perçoirs, les alésoirs des constructeurs ; à faire mouvoir les grandes filatures, etc. Comment reconnaître, pour les frais de production d'un objet, les dépenses que fera la machine motrice, en charbon pour son alimentation, en objets de toute sorte pour son entretien, et en appointements des chauffeurs et des mécaniciens pour sa conduite? On le peut quand la machine motrice ne fait qu'un seul travail s'appliquant à une fabrication uniforme, la farine par exemple; mais c'est l'exception, car, pour profiter des moments d'arrêt dans le travail principal et utiliser toute sa force, on la charge de travaux secondaires de toute sorte : conduite de pompes, mouvement d'appareils élévateurs, etc. Une appréciation journalière devient donc une véritable difficulté, et les industriels préfèrent généralement considérer cette dépense comme influençant proportionnellement tous les travaux, et ils la désignent sous le nom de frais généraux.

CHAPITRE IX.

Combinaison des divers éléments du prix de revient et influence du cours commercial.

---

35. — COMBINAISON DES ÉLÉMENTS DU PRIX DE REVIENT.

On conçoit facilement que les éléments dont nous venons de parler ne se combinent pas toujours de la même manière pour former le prix de revient. Dans quelques industries, la valeur de la matière employée forme une partie insignifiante du résultat. Ainsi, dans l'agriculture, le grain de blé semé se reproduit quinze à vingt fois. Si le prix de l'hectolitre est de 17 fr., le produit de 17 fr. par 20 donne 340 fr. La différence entre ces deux sommes de 17 fr. et de 340 fr., soit 323 fr., représentera les main-d'œuvre et les frais généraux que le producteur doit ajouter au prix de la semence confiée à la terre : un hectolitre de blé pour 17 fr., destiné à l'ensemencement.

Dans les mines, le droit qui revient à l'État sur la propriété du sous-sol est insignifiant. Il en est ainsi de l'intérêt du prix du sol lui-même, que les industriels sont souvent dans l'usage d'acquérir pour en extraire le minerai. Ces divers frais sont peu élevés comparés à la valeur des quantités extraites de la mine. Du reste, la surface du terrain n'est nullement détruite par le travail de l'exploitation. Par contre, les installations représentent des sommes considérables dont l'amortissement doit être rapide, puisque, le sol étant épuisé, elles deviennent inutiles. La main-d'œuvre et les frais généraux forment la dépense du prix de revient, puisqu'il n'y a pas de semence à mettre en terre. Le prix de vente étant de 10 fr. sur la mine pour la tonne de houille, par exemple, cette somme représente, avec le bénéfice, les deux éléments suivants : main-d'œuvre, frais généraux.

Dans les forges, le minerai de fer, qui vaut comme droit de propriété 1 fr. la tonne, doit être extrait, cassé, lavé, transporté à l'usine, et revient souvent alors à plus de 10 francs la tonne, suivant la qualité : il faut plus de deux tonnes de ce minerai pour faire une tonne de fonte. Le combustible, la main-d'œuvre, les frais généraux, élèvent le prix de revient de la fonte à 90 fr. la tonne. Enfin cette fonte, dont il faut presque une tonne et quart pour en faire le fer de vente, prend par le combustible employé, la main-d'œuvre, les frais généraux, le prix de 220 francs la tonne.

36. — INFLUENCE DU COURS COMMERCIAL SUR LE PRIX DE REVIENT.

Ces grandes industries ont une sorte de régularité dans leur marche, c'est-à-dire qu'elles ne sont influencées dans leurs résultats que par le prix de vente. En effet, le revient bien ordonné ne peut guère varier que par suite d'incidents de main-d'œuvre ou de frais généraux, dépenses sur lesquelles le producteur garde son influence. Entre la valeur initiale et la valeur de revient, il y a une proportion presque toujours régulière qui représente le prix de fabrication. Cependant cette proportion augmente ou diminue dans certains cas par suite de circonstances de position, d'organisation, de gestion, et ce sont ces variations qui sont la cause de la réussite ou de la perte de l'industriel.

Mais après ces industries créatrices, il y a les industries secondaires de modification, de préparation ou d'appropriation, dans lesquelles la matière entre à divers états d'avancement antérieur, à titre de matière première.

La savonnerie, la raffinerie, dont la matière première a une valeur considérable à son entrée dans l'atelier d'appropriation, et ne supporte plus qu'une somme de frais relativement minime, sont des industries dont la marche est moins régulière, puisque l'huile et le sucre bruts sont sujets à des fluctuations continuelles résultant des mouvements de la spéculation commerciale. On comprend dans ce cas que l'industriel, au lieu d'avoir à subir les cours de spéculation pour le prix de vente seul, se trouve dans la nécessité de lutter contre deux éléments dont il n'est pas maître d'empêcher la variation : les fluctuations du cours de la matière brute et celles de la matière finie. Les industries d'appropriation se trouvent toutes plus ou moins assujetties à cette loi.

Celui qui se livre à l'étude des prix de revient doit donc tenir compte de ces différences dans la marche de l'industrie, sous peine de négliger un côté important de la question. En effet, l'organisation doit être mise en rapport avec le mode d'opérer qui domine dans une entreprise. Nous devons nous-même appuyer sur l'importance de cette distinction dans les industries, et prier de remarquer :

1° Celles dont le cours commercial n'influence que le prix de vente;

2° Celles dont le cours commercial influence le prix de revient et le prix de vente.

En résumé, on voit que la combinaison des éléments du prix de revient entre eux varie dans leurs proportions relatives. C'est, suivant nous, un des arguments qui plaident le plus en faveur de la classification que nous avons étudiée.

Dans les grandes industries créatrices de la matière brute, ces éléments se réduisent presque toujours à deux, qui sont :

1° La main-d'œuvre, ou travail;

2° Les frais généraux, ou loyer du capital et travail intelligent.

Il faut, en effet, un grand concours de capacités et un immense capital d'installation pour ce genre d'industrie.

Dans les industries de transformation et d'appropriation de la matière brute provenant des industries créatrices, la valeur de la matière entre pour une part considérable et en proportions variables dans la composition du produit. Le prix de revient se trouve influencé par le cours commercial de cette valeur.

Enfin, les industries d'appropriation ou de confection, qui forment généralement les industries personnelles, achètent la matière préparée et, après l'avoir travaillée, la livrent à la consommation. Dans ce dernier cas, le capital est nul, les frais généraux sans importance; les éléments matière et main-d'œuvre forment le revient.

CHAPITRE X.

De la matière première de l'industrie.

---

37. — CE QU'ON ENTEND PAR MATIÈRE PREMIÈRE EN INDUSTRIE.

Les opérations de l'industrie ayant pour but, soit de transformer la matière brute en la modifiant mécaniquement ou chimiquement, soit de la préparer pour des travaux ultérieurs destinés à la rendre utilisable, nous devons commencer nos études de détail par expliquer ce qu'on doit entendre par matière première.

Disons d'abord que la matière première d'une industrie est l'état dans lequel cette industrie reçoit la matière brute pour l'utiliser. Ainsi la laine, qui est livrée par l'agriculteur au filateur, est pour le premier un produit, et pour le dernier une matière première. De même la laine filée que le filateur livre à celui qui tisse et apprête le drap est pour le premier un produit fini, et pour le second une matière première. On voit donc que, si l'on prend le mot en son sens général, tout ce que l'industrie met en œuvre est, pour ainsi dire, matière première pour elle. Mais ce mot, appliqué à chaque industrie, indique l'état dans lequel se trouve la matière sur laquelle doit opérer cette industrie, au moment où elle entre dans les mains du fabricant.

Nous sommes, en outre, obligé d'expliquer que souvent, dans les grandes usines, un produit passe dans divers ateliers, où il subit des transformations successives, et que depuis le premier atelier jusqu'à celui qui livre au magasin de vente, l'objet est matière première et matière finie pour chacun, suivant qu'il entre ou qu'il sort de l'atelier. Pour l'industriel, la matière du travail est toujours matière première, mais à divers degrés d'avancement, jusqu'à ce que l'objet soit prêt à livrer à l'acheteur.

38. — APPROVISIONNEMENTS DE DIVERSES ESPÈCES.

Appellera-t-on matière première les mille objets d'entretien que les grandes usines sont forcées d'avoir en approvisionnement : les limes, les clous, les huiles, etc.? Évidemment on le pourrait; mais comme ce sont la plupart du temps des objets finis, complets, que l'on ne transforme pas, mais que l'on use ou que l'on pourrait revendre sans aucun travail de modification ni d'arrangement, on les désigne souvent par des noms appropriés, et on les appelle : matières d'entretien, objets de consommation, approvisionnements, magasin d'approvisionnement. Cela a passé en pratique.

39. — NÉCESSITÉ DE L'EXACTITUDE EN CE QUI TOUCHE LA VALEUR DE LA MATIÈRE PREMIÈRE.

Quand il s'agit de matières premières, dont les quantités entrent pour une part considérable dans l'industrie, on conçoit quel soin on doit apporter à en fixer exactement le prix au moment de l'emploi. On conçoit également que l'industriel veille attentivement à ce que la qualité en soit sévèrement examinée. Certaines industries, où le travail est essentiellement chimique, entretiennent aujourd'hui des ingénieurs connaissant à fond toutes les manipulations qui permettent de reconnaître la constitution intime des corps sur lesquels on agit. Ces agents précieux sont chargés des opérations délicates qui doivent précéder les recettes de la matière première, que l'on n'achète presque plus maintenant qu'avec un titrage.

D'un autre côté, les soins de conservation des matières emmagasinées, en attendant le travail qu'elles doivent subir, ne sont pas une des moindres préoccupations de l'industriel soigneux. Toutes les dépenses intelligemment faites dans ce sens sont des dépenses productives.

Enfin, les constatations exactes de quantité et de nombre doivent appeler les soins et l'attention de l'industriel organisateur. Ces constatations ne sont pas moins nécessaires, lorsqu'elles poivent être faites au moment où s'opère la transaction de la vente ou celle de l'achat, que dans le moment où la matière sort d'une transformation pour entrer dans une autre, bien que restant toujours dans la même usine.

L'exactitude dans la détermination du prix des quantités est tout aussi utile que dans la connaissance de la quantité elle-même. Si l'on a besoin de savoir le poids ou le nombre d'une matière d'approvisionnement, c'est afin de déterminer avec exactitude les valeurs correspondantes. Ces valeurs influencent en effet le capital de l'industriel, et par conséquent les prix de revient, qui découlent de ses mouvements.

40. — PRIX MOYEN DE MAGASIN.

La matière en magasin a deux origines. Elle provient

d'un achat, ou bien, résultant d'une première opération, elle est créée par l'industriel lui-même. Dans l'un et l'autre cas, la matière achetée ou préparée a une valeur au moment de son entrée dans le magasin : c'est son prix de revient propre. Elle peut en outre, par un mélange de quantités ou de prix, d'objets ou de matières de même espèce, prendre un prix moyen de magasin. En effet, si à 100 tonnes de houille existant en magasin à 40 fr. la tonne, pour le prix total de 4,000 fr., nous ajoutons 50 tonnes de charbon équivalent à 30 fr. la tonne, pour le prix de 1,500 fr., on aura 150 tonnes pour le prix de 5,500fr., ou par tonne fr. 36,66, au prix moyen total. Le prix de 40 fr. et celui de 30 fr. la tonne seront entrés en combinaison pour former une moyenne qui représentera réellement le prix de la matière dans le magasin. Si le chauffeur puise dans la masse pour entretenir ses foyers, c'est au prix moyen de fr. 36,66 la tonne que devra être calculée la quantité qu'il brûlera. Cet exemple doit faire saisir ce que l'on entend par prix moyen de magasin.

La matière semblable, emmaganisée à divers moments successifs, passe donc par deux ordres de prix :

1° Le prix de revient, d'achat ou de fabrication ;

2° Le prix moyen, ou prix de magasin.

Le prix moyen n'a de raison d'être déterminée que lorsqu'il s'agit d'une réunion d'objets semblables ou de matières de même nature, dont l'entrée ou la sortie n'a besoin que d'être signalée en unités distinctes. On doit comprendre que, s'il s'agit d'un objet unique bien spécifié, le prix de revient de cet objet reste toujours représenté de la même manière, comme une valeur unique qui peut, il est vrai, être chargée de frais de magasinage, mais qui n'en garde pas moins un revient particulier.

Le prix moyen de magasin, tout en étant le produit de plusieurs prix, doit de plus réunir dans sa résultante les divers frais spéciaux du magasinage :

1° Les commissions d'achat, de courtage, d'agences ou autres;

2° Les transports, camionnages, factages, etc.;

3° Les frais de manutention, de conservation, de classement, de recette ou de délivrance;

4° Le déchet qui peut se produire pendant le temps de l'emmagasinement, et qui se reconnaît au moment du solde.

Nous avons traité, dans notre ouvrage sur la comptabilité, chapitres XVII et XVIII, des diverses méthodes employées pour fixer avec certitude les prix des matières dans les écritures. Ce sujet a une importance extrême en industrie et dans l'étude d'organisation qui doit précéder toute exploitation industrielle : il est de la plus haute nécessité de bien déterminer la marche à suivre, ainsi que les artifices d'écritures à l'aide desquels on doit faire connaître les prix de revient.

41. — DE L'APPROVISIONNEMENT EN GÉNÉRAL.

Il reste une grave question à traiter dans la partie des prix de revient qui touche aux matières premières, c'est celle de l'approvisionnement. L'approvisionnement est la quantité de la matière première sur laquelle ou au moyen de laquelle s'exerce l'industrie. Un approvisionnement doit comprendre le strict nécessaire, et rien de plus. Nous devons cependant entendre que ce nécessaire veut dire : pour tous les cas normaux qui peuvent se présenter et dans toutes les circonstances que l'on peut prévoir. Prenons pour exemple le combustible d'une usine métallurgique. Si ce combustible arrive par des voies fluviales, il convient de prévoir les chômages des fleuves ou des canaux pendant l'hiver, ceux des canaux nécessités par les fermetures pour réparations. Ces prévisions doivent être complétées par celles d'une activité dépassant la production moyenne de la différence de cette moyenne à la force totale de l'usine, lorsqu'on peut prévoir cette augmentation. Des considérations d'un autre ordre doivent présider à l'étude de l'approvisionnement des industries qui se trouvent placées dans le cas d'avoir à lutter avec les variations du prix d'achat. Si le prix de la matière première est à un maximum du cours, il convient de prévoir les chances de baisse avant de forcer aux achats; on doit prévoir de même les chances de hausse dans le cas où l'on se trouve à jouir du cours minimum. Mais alors il faut mettre en regard du prix les chances de détérioration chimique de la matière première ou les pertes d'intérêt des valeurs immobilisées. Ce que nous avons dit des industries qui subissent les cours de l'achat et de la vente, doit être bien médité en ce qui touche l'approvisionnement.

L'étude de l'approvisionnement doit être faite avec le plus grand soin. Dans certaines industries de transformation ou d'appropriation, elle est capitale. La capacité de l'industriel intervient, dans la plupart des cas, pour la réussite des entreprises, d'une façon déterminante.

L'abus ou le défaut sont également fâcheux quand il s'agit d'une question aussi importante, et des livres bien tenus, des renseignements statistiques nombreux, bien coordonnés, deviennent une ressource précieuse dont l'homme intelligent doit profiter. L'habitude, le tact, aidés par des chiffres vrais et bien entendus, apportent des chances de réussite et une sécurité dans les affaires dont il faut savoir profiter.

Dans notre chapitre sur l'organisation des affaires industrielles, nous reviendrons sur ce sujet, qui se lie avec celui de l'étude administrative.

CHAPITRE XI.

De la main-d'œuvre en industrie.

---

42 — DE LA MAIN-D'ŒUVRE EN INDUSTRIE.

Les travaux de toute sorte, de force musculaire ou d'intelligence, exécutés directement pour la création, la transformation ou l'appropriation de la matière brute, prennent divers noms. Quand ils sont appliqués, comme force musculaire, à une opération bien déterminée et unique, et que le gain est journalier, on les désigne sous le nom de main-d'œuvre. S'il s'agit de travaux payés à des époques fixes de semaine, de mois, d'année, la valeur du travail se nomme salaire.

Il est rare, cependant, que le salaire représente une opération suffisamment distincte pour que son application ne donne pas lieu à quelques remarques.

Dans la plupart des cas, on se trouve dans la nécessité de comprendre les salaires sous un titre différent et dans une autre catégorie de dépenses. Le mécanicien et les chauffeurs, par exemple, attachés à la conduite d'une machine et payés au mois, sont considérés comme dépensant au compte des frais généraux.

La main-d'œuvre est payée à la journée simple, ou bien à forfait, quand l'ouvrier fait une entreprise. Quand il s'agit des salaires, le travail est payé par une somme fixe mensuelle ou annuelle.

43. — CONSIDÉRATIONS SUR LA MAIN-D'ŒUVRE.

Nous ne nous étendrons pas sur les conditions bonnes ou mauvaises des trois manières de rétribuer le travail humain. Tous les économistes ont étudié la question et l'ont résolue dans le même sens, c'est-à-dire que le travail pur et simple à la journée est celui qui produit le moins de résultats ; que le travail à entreprise ou à forfait est celui qui permet le mieux à l'ouvrier le développement de toutes ses forces musculaires et morales ; enfin que le salaire participe de ces deux formes, en ce sens que le salaire simple ne permet pas de compter sur le salarié pour un développement complet de ses moyens, tandis qu'un intérêt, quelque minime qu'il soit, surtout s'il est proportionné aux résultats, contient un stimulant qui en élève la valeur bien au-dessus de la proportion d'intérêt qui le rétribue.

Voici la formule que M. Schneider donnait, dans l'enquête sur l'industrie des laines, au sujet de la main-d'œuvre :

« Puisque l'occasion s'en présente, je me permettrai « d'indiquer une formule : Des ouvriers qui travaillent « à la journée, s'ils ne sont pas surveillés, on n'obtient « qu'un quart, et s'ils sont bien surveillés, une demie ; « des ouvriers qui travaillent à la tâche, sans les sur- « veiller, on obtient trois quarts ; en les encourageant « très-vivement, en les surexcitant par des primes, on « obtient tout. Je n'entends pas poser ici des chiffres « absolus, je ne me suis servi de ceux-ci que pour « faire comprendre mon raisonnement. »

En règle générale, l'industriel doit avoir en vue d'obtenir tout le travail qu'il est en droit d'attendre de celui qu'il paye. Pour cela il faut, en organisant une affaire, enlever toutes les causes possibles de perte de temps par des arrangements matériels de localité, et par des combinaisons logiques de mouvements. Il convient surtout de conserver le plus possible les ouvriers ou les agents que l'on connaît, et qui sont habitués à leur atelier.

Mais en outre des conditions d'organisation matérielle que nous venons d'énumérer, nous conseillons, comme conditions morales, de garder la plus stricte justice vis-à-vis du personnel; de conserver une parole donnée, même si l'engagement réciproque du personnel n'était pas aussi strictement tenu, mais en montrant que l'on n'est pas dupe; d'éviter les discussions en plein atelier ou dans les bureaux devant des tiers; de ne jamais élever la voix devant les autres ouvriers ou employés, mais d'appeler à part et de faire des remontrances personnelles, lorsqu'il doit en être fait.

Il est impossible de fixer des lois sur ce sujet : le talent particulier, le tact de l'industriel est la meilleure des lois pour le diriger dans la voie délicate de l'impulsion à donner aux individus qu'il salarie.

CHAPITRE XII.

Étude sur les frais généraux.

---

44. — DÉFINITION ET CLASSIFICATION.

Cette division des dépenses de la production est la plus difficile à bien définir. La matière sortant des magasins a une valeur bien déterminée; le travail manuel ou intellectuel est toujours représenté par une somme payée : ce sont des frais spéciaux qui ne peuvent donner lieu à malentendu. Mais il n'en est pas de même des frais généraux, au sujet desquels les industriels ne sont pas tous parfaitement d'accord.

Il n'entre pas dans notre cadre de discuter les diverses manières de voir qui existent à ce sujet; nous nous contenterons de suivre la méthode naturelle, indiquée par nous au chapitre VII, et de laquelle il ressort que les frais généraux d'une affaire doivent comprendre :

1° Les frais d'étude et de bureau ;

2° L'intérêt de l'argent employé ;

3° L'amortissement du matériel utilisé ;

4° L'entretien des immeubles et du matériel ;

5° Les manœuvres, le combustible et le service des moteurs.

On voit de suite que ces frais peuvent et doivent subir une nouvelle classification. En effet, les dépenses que nous venons de désigner sont fixes ou variables. Elles sont fixes quand elles restent les mêmes quelle que soit l'activité imprimée à l'industrie ; elles sont au contraire variables, quand la dépense s'élève ou s'abaisse en même temps que la production.

45. — FRAIS FIXES. — DÉTERMINATION.

Dans toute entreprise industrielle, les honoraires du chef de la maison, ainsi que ceux des employés, sont généralement fixes, sauf le cas où une prime sur les travaux les remplace. Ils forment donc un chiffre invariable, parce qu'on ne peut les réduire complétement si l'usine s'arrête faute de commandes, ou bien pendant certaines études préparatoires, qui souvent forment le travail le plus pénible des industriels.

Dans la même catégorie se placent les dépenses

d'impôts, de patente, d'assurances, qui ne peuvent suivre l'arrêt ou le déploiement des travaux. Les frais de bureau, les locations et autres dépenses de même nature forment également des frais fixes. En parlant ainsi, nous n'avons pas besoin d'expliquer qu'il s'agit d'industries en activité dont la puissance se trouve fixée entre le minimum et le maximum de production. Il est clair que, si une usine subissait un arrêt forcé qui devînt une cause de ruine ou que suivît une déconfiture, les classifications n'auraient plus de raison d'être, la liquidation détruisant tout.

Quant à l'intérêt de l'argent et à l'amortissement, on peut rester indécis pour les appeler dépenses fixes ou variables. Cette question peut être résolue dans les deux sens. En effet, si un industriel opère avec les fonds d'autrui empruntés à intérêt, il ne payera le loyer de l'argent que suivant la somme qu'il utilisera. Sa fabrication se restreignant, il paie moins d'intérêt ; si elle s'élargit, l'emprunt sera plus considérable, et partant l'intérêt plus fort. Il y a donc dans ce cas proportion entre les deux termes. Ce serait la même chose si l'industriel agissait sur ses propres valeurs : il pourrait gagner un intérêt en dehors de son industrie sur les sommes qu'il n'utiliserait pas en cas d'arrêt de ses travaux. Jusque-là, on voit l'intérêt de l'argent suivre le travail effectué. Mais la question change de face s'il s'agit d'une société dont les membres ont fourni des fonds une fois pour toutes. Dans une société anonyme par actions, on ne peut changer le capital, il doit rester au chiffre fixé par l'organisation première; ce chiffre, défini par les statuts, est invariable, et l'intérêt de ce capital devrait être toujours le même, quel que fût le mouvement de la production. Un grand nombre de sociétés prennent du reste, par leurs statuts, l'engagement de payer un intérêt fixe en dehors des dividendes de bénéfices; il s'ensuit la nécessité absolue de comprendre cet intérêt comme frais généraux fixes dans le prix de revient. C'est ainsi que l'on procède généralement dans les grandes sociétés, et avec assez de raison, puisque, si des capitaux devenaient disponibles par un arrêt des travaux, on pourrait toujours les utiliser dans les grandes banques de dépôt, à titre de bénéfice. Alors, l'intérêt chargeant définitivement le compte de l'exploitation serait le résultat de deux facteurs : l'un qui représenterait l'intérêt fixe du capital immuable, l'autre les intérêts retirés des caisses de dépôt. Le solde entre ces deux éléments formerait l'intérêt définitif à passer en compte de dépense. Voici, enfin, une dernière manière d'envisager la question.

L'intérêt à porter au compte de frais généraux pourrait être calculé sur les données suivantes. Dans l'industrie, le capital forme toujours deux divisions bien distinctes. L'une est immobilisée par l'achat des immeubles, du matériel, des approvisionnements. L'autre est une valeur active en comptes courants ou en portefeuille. Cette dernière porte avec elle son intérêt dans le mouvement journalier des affaires. L'autre au contraire, celle qui est immobilisée, perd son intérêt, puisqu'elle reste sans aucun mouvement. C'est sur son importance que l'intérêt devrait être calculé au débit des frais généraux, de manière à entrer pour sa part dans le prix de revient. Quelle que soit du reste la méthode employée pour régler l'intérêt des capitaux, nous le considérons comme une division des frais généraux fixes.

Nous mettrons l'amortissement du matériel dans la même division, bien que l'on puisse dire que le matériel ne s'use pas quand il est inactif. Sur ce dernier point cependant, on pourrait répondre que, si l'on ne porte pas d'amortissement pour motif d'usure ni de détérioration, il faut en porter pour les remplacements que les perfectionnements de la mécanique rendent continuels, et qui forcent à changer à certaines périodes tout le matériel des sociétés qui veulent tenir tête à la concurrence.

Nous aurons en conséquence, comme frais généraux fixes :

1° Le personnel ou les honoraires des employés ;

2° Les frais de bureau ;

3° L'intérêt de l'argent ;

4° L'amortissement du matériel ;

5° Les impôts, loyers, redevances fixes.

46. — FRAIS VARIABLES.

Cette division des frais est facile à déterminer avec exactitude. En effet, l'entretien des bâtiments, celui de l'outillage, suivent évidemment la marche des travaux. Le charbon qui chauffe les générateurs des machines, les matières qui servent à les nettoyer, les graisser, les entretenir, ne sont dépensés que si les machines marchent. Il en serait ainsi de toute dépense analogue, de toute manœuvre indirecte. Nous pourrions donc considérer comme frais généraux variables :

1° L'entretien immobilier ;

2° L'entretien mobilier ;

3° La consommation et le service des machines motrices ;

4° Les manœuvres indirectes.

Terminons ce qui regarde les frais généraux par les considérations générales qui suivent.

47. — PONDÉRATION DES DÉPENSES.

La somme des dépenses d'une opération industrielle, en outre des frais spéciaux du travail, doit comprendre le paiement des frais qui incombent à la société, sous la rubrique de frais généraux, c'est-à-dire ne pouvant s'appliquer directement à un travail plutôt qu'à un autre, et devant être porté en compte d'une manière proportionnelle.

De la comparaison de ces deux divisions de la dépense, frais spéciaux du travail, frais généraux, on tire un enseignement important : c'est que, si la première somme indique des dépenses nécessaires, directes, la seconde, qui représente la direction, les appointements et les études, les entretiens, le service, le combustible, l'amortissement, l'intérêt, est une sorte de dépense indirecte dont aucun industriel ne peut s'affranchir, que l'on doit chercher à réduire le plus possible, mais qui en somme représente le loyer de son capital et le travail intelligent d'une société.

Quand cette dépense, malgré sa légitimité, dépasse une certaine proportion moyenne, l'affaire souffre, parce que les frais généraux suivent une loi différente de celle des dépenses directes, qui sont en général proportionnelles au travail effectué. En effet, avant de mettre les ouvriers en mouvement, il faut rassembler les capitaux, trouver les hommes d'aptitudes diverses qui doivent en diriger l'emploi, créer l'usine, et enfin faire les études du travail en vue duquel tout a été réuni. Il faut de plus, en cours d'opérations, payer l'impôt, l'entretien, l'amortissement, l'intérêt. Si ces frais se répartissent sur la plus forte somme de production que comporte l'affaire, le produit n'est pas chargé de frais anomaux et le revient est régulier. Le contraire a lieu lorsque la somme de production compatible avec la puissance fournie par le capital de l'industriel ou par l'association n'est pas un maximum.

L'industriel doit donc avoir en vue ce fait économique résultant du jeu comparé des dépenses en frais généraux et de la production. Autant qu'il est possible, il doit s'arranger pour que ces frais, réduits à leur minimum, soient toujours mis en regard de la plus grande production des ateliers.

CHAPITRE XIII.

Du capital dans l'industrie.

---

48. — CE QUE NOUS ENTENDONS PAR LE MOT CAPITAL.

On appelle capital l'ensemble des valeurs mises à la disposition d'une entreprise. Nous n'avons pas besoin, comme les économistes politiques, de rechercher comment se produit le capital, ni de le classer en capital de consommation et en capital de reproduction. Il nous suffit d'étudier la part que ce capital doit avoir dans l'acte de la production industrielle, et le moyen de le calculer pour qu'il permette aux entreprises de produire un résultat utile.

49. — INFLUENCE DU CAPITAL DANS LES ENTREPRISES.

En général, on admet que le capital a une influence

considérable dans la réussite des affaires, et M. Garnier, dans son cours d'économie politique, dit à ce sujet :

« Les nations qui ont peu de capitaux ont un désavantage dans la vente de leurs produits. Les capitaux qui concourent à la production se font payer cher; ils ne sont pas assez abondants pour l'achat des matières premières à de bonnes conditions; ils ne le sont pas assez non plus pour que les producteurs accordent des facilités de paiement aux acheteurs.

« L'esprit d'entreprise ne se développe pas chez une nation pauvre en capitaux : la culture, la manufacture, le commerce, s'y font dans de mauvaises conditions et par des moyens coûteux, etc. »

Et plus loin :

« Abondance de capital correspond à abondance de travail, hausse des salaires, baisse du prix de choses, aisance et moralité. »

Il résulterait de cette loi, reconnue par l'économie politique, qu'une nation, comme un individu, pourrait se trouver en état d'infériorité vis-à-vis d'une autre nation que sa position géographique ou son état politique ont mise à même de posséder le plus fort capital, si dans son régime douanier elle ne prévoyait pas les conséquences d'une fausse mesure. Nous avons déjà parlé de cette question dans notre chapitre sur le régime extérieur de l'industrie.

M. Isaac Pereire, dans une étude sur les banques, publiée en 1864, a exposé clairement le rôle du capital et de l'intérêt dans l'industrie.

Voici ce qu'il dit à ce sujet :

« La baisse de l'intérêt résulte directement de l'abondance des capitaux et des progrès de la fortune publique.

« Le taux de l'intérêt est encore influencé par la situation relative de la classe qui possède les capitaux et de celle qui les emploie ; de l'indépendance plus ou moins grande de celle-ci vis-à-vis de celle-là ; de l'importance des richesses que le travail a accumulées dans le sein de la première, de sa position sociale, de l'influence qu'elle exerce sur l'administration des affaires publiques.

« Dans les sociétés antiques, les maîtres, possesseurs exclusifs de tous les capitaux, prélevaient la part qu'il leur convenait de fixer sur les produits du travail des classes laborieuses, réduites à l'état d'esclavage.

« Cette part a constamment diminué au fur et à mesure des progrès de l'émancipation de cette portion de la société, de beaucoup la plus nombreuse, qui est vouée à l'œuvre de la production.

« Elle est représentée aujourd'hui, en ce qui concerne la propriété mobilière, par le loyer ou l'intérêt du capital; et l'on a observé que, malgré de nombreuses oscillations, le prix de ce loyer tend constamment à baisser.

« Telles sont les raisons générales qui permettent de se rendre compte de la réduction progressive du taux de l'intérêt.

« Il n'y a de prospérité dans l'industrie que lorsque l'intérêt est peu élevé.

« C'est la condition indispensable du développement du travail.

« Alors, les entreprises se multiplient, une activité féconde anime toutes les portions de la société; les salaires augmentent, la consommation s'étend et sollicite la production; les épargnes se forment, et l'accumulation croissante des capitaux vient, avec une puissance nouvelle, donner la vie aux créations de tout genre par lesquelles l'industrie, la science et les arts concourent à l'amélioration et à l'ennoblissement des conditions de l'existence humaine. »

Voici ce que M. Alfred Darimon expliquait dans l'enquête sur les banques faite en 1866 :

« La crise de 1863-1864 a été assurément motivée par des circonstances toutes spéciales; mais elle a été due, en outre, comme les crises précédentes, à une cause générale et dominante qui, depuis douze ans, pèse sur le commerce et l'industrie. Cette cause est la disproportion qui existe entre les besoins que manifestent le travail et l'échange, et les moyens que les institutions actuelles de circulation et de crédit mettent à leur disposition. L'appareil monétaire et les institutions de crédit, tels qu'ils sont constitués et tels qu'ils fonctionnent, sont devenus des auxiliaires insuffisants. Quoique les conditions anciennes du travail soient en voie de transformation, on continue néanmoins à donner aux métaux précieux la prédominance dans les opérations d'échange.

« Le travail et l'échange sont en avance sur la circulation et le crédit. Voilà le fait anomal en présence duquel se trouve la Banque de France, et auquel elle est impuissante à remédier. Ce fait ne provient pas de la faute des hommes, mais de celle de l'institution. Dans les conditions normales, ce serait au travail seul qu'il appartiendrait de réparer les mécomptes du travail. Dans les conditions actuelles, le travail étant subordonné à l'argent, le défaut d'équilibre entre ces deux éléments de la production se traduit en une hausse de l'intérêt; les choses ne reprennent leur état naturel que lorsque la liquidation s'est accomplie au détriment du travail. »

50. — QUESTIONS RELATIVES AU CAPITAL.

Les explications de M. Darimon sont exactes, et montrent avec quel soin l'industrie doit examiner les questions relatives au capital.

Entre l'industriel sérieux qui porte avec une parcimonie souvent exagérée son capital dans les affaires, et le faiseur qui ne pense qu'à des chiffres de capital anomaux et dangereux, il serait bien plus sage de prendre le premier pour modèle. Mais il vaut encore mieux étudier froidement la question, et fournir aux entreprises le capital qui leur est nécessaire, c'est-à-dire celui qui leur laisse leur liberté d'action.

Le capital d'une industrie comprend toutes les valeurs qui sont mises à la disposition de l'entreprise, tout aussi bien les valeurs immobilisées que les valeurs d'approvisionnement et celles de circulation. Ce qu'il importe surtout, c'est d'entretenir une pondération exacte entre les diverses parties du capital, malgré les mouvements d'exploitation qui les font varier à tout moment dans leurs proportions relatives.

Quant à l'importance du capital à mettre dans une

industrie, ce n'est qu'à la suite d'une étude approfondie et de calculs rigoureux qu'on peut arriver à la déterminer. Nous essayerons de dégager les éléments de ces calculs.

51. — FORMATION DU CAPITAL.

Les formules relatives à la composition du capital ne peuvent découler de l'étude de la classification que nous avons faite. Il nous faut trouver des éléments précis de calcul dans chaque nature d'industrie, et en dehors de la place que cette industrie occupe dans cette classification. Nous ne pouvons trouver ces éléments que dans la puissance productive de l'entreprise, et en faisant abstraction des circonstances de position, de concurrence, de spécialité ou même d'organisation.

C'est dans le chiffre des produits des usines mises en œuvre que nous chercherons la formule du capital. Que l'industrie soit une œuvre individuelle ou collective, qu'elle soit créatrice ou modificative, le mode de procéder sera le même.

52. — BASES DE DÉTERMINATION DU CAPITAL DE ROULEMENT.

Nous avons toujours reconnu dans la pratique des affaires que, soit par suite des nécessités financières de l'approvisionnement de la matière première, soit par le chiffre des valeurs produites pour munir les magasins de vente, c'est la valeur, au prix de revient, de la matière première employée entre le moment où elle entre aux ateliers et celui où elle les quitte pour la vente, qui représente le capital de roulement nécessaire à une affaire. Quand la matière première doit rester un an en travail pour arriver à son achèvement et à sa vente, c'est le travail d'une année qui doit donner le chiffre du roulement. Quand la matière reste six mois en œuvre, il faut représenter dans le capital la valeur relative de ce travail.

Voici à ce sujet ce qu'un des plus grands producteurs de lainages français disait dans l'enquête de 1859 :

« En industrie, il faut beaucoup d'argent. Je ne sais comment font les autres industriels ; mais malgré toute l'énergie que je déploie, il me faut souvent attendre plus d'un an la rentrée de mon capital argent. J'ai dit que je pouvais fabriquer pour 500,000 fr. par mois ; par conséquent il me faut, quand je vais à pleines voiles, plus de 6 millions de francs de fonds de roulement. »

On comprend, cependant, que cette loi ne puisse être absolue. Elle est influencée dans une foule de circonstances par les habitudes du commerce, relatives aux termes plus ou moins éloignés de la vente ; par la formation de l'approvisionnement et sa mise en œuvre ;

par la proximité des houillères, des mines ou des pays producteurs de la matière brute, etc. La manière dont peuvent s'échelonner régulièrement les dates des dépenses et les échéances des recettes vient en outre modifier le capital roulant de la valeur représentée par la différence des époques entre l'entrée et la sortie des marchandises. Mais, malgré ces causes de dérogation, nous n'en appuierons pas moins le raisonnement qui va suivre sur la régularité de cette loi : que le capital de roulement est proportionnel au temps de la rotation de la matière dans le travail, depuis son entrée comme matière première jusqu'à sa sortie comme objet vendu et payé.

53. — CAPITAL IMMOBILISÉ.

Après le capital de roulement qui sert à former les valeurs d'échange, les valeurs d'approvisionnement et les crédits, il convient de considérer l'importance que peut acquérir dans une affaire le capital immobilisé en terrains, bâtiments, machines, outillage, brevets, etc. Ces valeurs sans mouvement viennent charger de tout le poids de leur intérêt et de leur amortissement le prix de revient, sous forme de frais généraux. Elles deviennent à ce titre un des éléments du calcul que nous essayerons d'expliquer.

CHAPITRE XIV.

Études sur les moyens de déterminer le Capital d'une Industrie.

---

54. — FACTEURS DU CALCUL.

Nous avons expliqué dans notre chapitre XII (*Prix de revient.* — Art. *Frais généraux.*) que, ces frais sont de deux sortes : les frais fixes et les frais variables; les uns ne varient pas, quel que soit le chiffre des valeurs créées; les autres suivent, en importance, le mouvement de la production. C'est le chiffre des frais généraux fixes, dont on peut toujours déterminer assez exactement l'importance, qui nous fournira l'élément principal de la formule que nous cherchons.

Quant aux autres facteurs du calcul, ils doivent être pris dans les autres dépenses.

Trois éléments concourent généralement à la formation du prix de revient industriel, nous les avons déjà désignés sous les titres suivants : 1° Matière première ; 2° Main-d'œuvre ; 3° Frais généraux. Pour simplifier les calculs auquels nous allons nous livrer, nous ne considérerons, sous ce dernier titre de frais généraux, que les frais fixes, les autres, ceux qui suivent à peu près proportionnellement la production, pouvant être considérés comme une dépense d'une espèce spéciale. Comment formuler le prix de revient d'une fabrication au moyen de ces trois éléments, dont l'un reste fixe ? C'est ce que nous allons étudier en appliquant les données qui précèdent à diverses industries. Avant d'aller plus loin, nous devons déclarer que les chiffres qui vont nous servir ne sont que des hypothèses. Ils ont, il est vrai, été pris dans des écritures réelles ; mais la situation de chaque usine est, on peut le dire, toute particulière, et l'on se tromperait en cherchant à déduire de ce qui se passe dans un atelier ce qui doit arriver dans un autre. Une foule de conditions diverses viennent forcément modifier les résultats acquis dans chaque établissement de la même industrie. C'est avec cette réserve que nous nous permettrons les calculs qui vont suivre.

55. — PREMIÈRE ÉTUDE.

Industrie métallurgique.

Supposons que le prix de revient du fer à la houille soit composé des données moyennes suivantes :

Frais spéciaux.	Matière brute. . . .	65
—	Main-d'œuvre et frais variables.	20
Frais fixes.	Frais généraux fixes. .	15
	Total. . . .	100

Ne peut-on pas, après avoir évalué le chiffre des frais généraux fixes qu'une usine de cette industrie exige pour sa marche, en déduire des conséquences qui permettent de reconnaître le capital nécessaire à l'entreprise et la somme du produit à sortir de l'usine?

Quels seront les frais fixes qui composent les 15 p. 100 de frais généraux? Faisons une nouvelle supposition, et indiquons les suivants :

Frais fixes.	Administration. . . .	45,000 fr.
—	Impôts et assurances, personnel, bureaux, etc. .	32,000 »
—	Intérêts et amortissement.	23,000 »
	Total. . .	100,000 fr.

On aura alors une somme que l'on devra dépenser dans tous les cas, ou bien les 15 p. 100 de la dépense totale de la fabrication. Cette dépense totale sera X : 100,000 fr. :: 100 : 15 ou X=(100,000×100) : 15 soit francs 666,666.

Le prix de revient sera donc composé des éléments suivants :

1° Les frais fixes ou 15 0/0 de 666,666 fr.	100,000 fr.
2° La main-d'œuvre et les frais variables représentant un chiffre de 20 0/0 de 666,666 fr.	133,333 »
3° Enfin, la valeur des matières premières sera les 65 0/0 de 666,666 fr., soit.	433,333 »
Total. . . .	666,666 fr.

Or, si pour payer 100,000 francs de frais généraux fixes, il faut, sur les données du prix de revient, que l'usine produise pour 666,666 francs de valeurs à ce prix de revient, on peut tirer de ce fait plusieurs éléments certains d'étude.

Et d'abord, le revient du fer produit étant supposé de 24 fr. les 100 kilos environ, on trouve que l'usine devra être montée pour pouvoir produire 2,77[illegible],000 kilos de ce fer.

Ensuite, d'après la règle que nous avons posée plus haut, que le capital devra être composé de deux éléments :

1° Capital immobilisé, immeuble, outillage, mobilier, etc. . . .	220,000 fr.
2° Capital roulant, approvisonnement, avances pour les termes du commerce, qui sont, pour la vente de 4 mois, portés à 6 par suite de temps perdu dans les mouvements	330,000 »
Total. . . .	550,000 fr.

dont l'intérêt et l'amortissement sur 220,000 fr. figurent dans les frais fixes.

56. — DEUXIÈME ÉTUDE.

Raffineries.

Supposons un prix de revient dont le chiffre de fabrication soit peu élevé relativement au prix de la matière première, et dont la rotation dans l'usine, y compris les retards de route et de règlement, représente deux mois, par exemple le sucre raffiné.

Frais spéciaux.	Matières premières . .	90 fr.	»»
—	Main-d'œuvre et frais variables.	6	60
Frais fixes.	Frais généraux fixes. .	3	40
	Total. . . .	100 fr.	»»

Si les frais fixes se composent des données suivantes :

Administration.	150,000 fr.
Impôts et assurances.	50,000 »
Intérêts et amortissement. . . .	100,000 »
Total. . .	300,000 fr.

on reconnnaîtra que l'usine doit produire une somme de travail représentée par les chiffres suivants :

Frais fixes (3,40 0/0).	300,000 fr.
Main-d'œuvre et frais proportionnels (6,60 0/0).	582,352 »
Matières premières (90 0/0.)	7.941,168 »
Total.	8,823,520 fr.

Or, si la matière vaut le prix brut de 100 francs les 100 kilos, l'usine devra produire 8,823,000 kilos de sucre raffiné. C'est donc sur cette base qu'elle devra être établie.

Pour trouver le capital, il faut diviser les francs 8,823,530 par 6, puisqu'une rotation des travaux est de deux mois; il en résultera pour le capital

de roulement.	1,470,000 »
Valeur de l'immeuble et de l'outillage	1,030,000 »
Total. . . . fr.	2,500,000 »

Il est nécessaire de remarquer cependant qu'un des éléments du calcul en vient gêner la clarté : c'est l'intérêt de l'argent, que nous faisons entrer comme partie des frais généraux fixes, et qui ne peut être connu que lorsque le capital est fixé. Mais cette difficulté, qui laisse une espèce d'inconnu planer sur le calcul, et qui doit forcément livrer quelque chose au tâtonnement, perd un peu de son importance si l'on veut bien remarquer que la manière d'opérer pour trouver le capital, a surtout pour but de contrôler des chiffres que l'expérience a fait connaître à celui qui organise l'entreprise.

Les calculs dont nous venons d'indiquer la méthode démontrent l'importance qu'il y a, pour l'organisateur d'une affaire, à bien prévoir les frais fixes qui peuvent être attachés aux opérations qu'il a en vue. Nous pensons que l'on ne saurait trop se précautionner contre les éventualités qui peuvent, à un moment donné, venir grever un budget où elles n'ont pas été prévues. En effet, si le raffineur dont nous venons de parler ne fait pas intervenir dans ses calculs les frais d'administration pour le chiffre indiqué, et qu'il omette, par exemple, 100,000 sur ces frais, cette omission fera augmenter constamment le prix de revient du produit de l'importance de cette somme, puisque la force de production de l'usine n'aura été calculée que pour des frais fixes de 300,000 au lieu du total de 400,000, qui aurait dû servir de base aux évaluations de quantités. Comme conséquence, l'industriel devra ou augmenter ses moyens de production ou diminuer le chiffre de ses frais fixes, parce que le sucre qui revenait à 100 fr. les 100 kilos avec 300,000 de frais fixes, reviendra à 101,13 les 100 kilos avec 400,000 de cette sorte de frais à imputer au prix de revient.

Un autre renseignement ressort de ces calculs : c'est que l'industriel, en reconnaissant qu'il lui faut un chiffre de fabrication d'une certaine importance pour que ses frais fixes ne grèvent pas le revient, s'efforcera de dépasser sa quantité moyenne de production.

Supposons que le raffineur parvienne à produire 12 millions 1/2 de kilos au lieu des 8,823,000 kilos qui peuvent amortir ses frais fixes, il aura pour revient :

Frais fixes	300,000	»
Main-d'œuvre	825,000	»
Matières premières . . .	11,250,000	»
Total . .	12,375,000	»

pour 12 millions et demi de kilos, d'où il ressortira un prix de 99 fr. les 100 kilos ou 1 fr. par 100 kilos de diminution, toutes choses restant égales d'ailleurs.

57. — TROISIÈME ÉTUDE.

Industries textiles : Filatures.

Prenons dans l'industrie textile une supposition relative à la filature et au tissage du coton.

Il résulte des déclarations des principaux filateurs de France que le prix de revient du kilogramme de coton filé se décompose en divers éléments :

Coton brut	1 fr. 80	75 %
Frais fixes, intérêts, amortissements	» 24	10 %
Frais variables et main-d'œuvre	» 34 1/2	15 %
Total. . .	2 fr. 38 1/2	100 %

On comprend que l'élément invariable de 10 % de ce prix domine la question d'organisation première d'une usine. En effet, si nous supposons que le prix ci-dessus est reconnu être la meilleure moyenne proportionnelle des divers éléments de prix de revient, pour qu'une usine ait des chances de réussite, le prix de ses produits doit se combiner dans des proportions semblables.

Un autre élément de cette étude doit intervenir dans les calculs : c'est la quantité que tel genre de métier peut annuellement produire de fil. Les industriels ont déclaré pouvoir faire :

Pour le n° 2,000 m/ au k°, 50 k. par an.
Pour le n° 160,000 m/ au k°, 1 » »

Si l'usine doit produire la moyenne des ces numéros, c'est donc 25 kilos par an et par broche. Supposons une usine de 25,000 broches dont le prix est en moyenne de 45 fr. la broche pour valeur et installation, bâtiments, moteurs, etc., soit pour une somme de 1,125,000.

L'amortissement et l'intérêt à 8 °/₀ s'élèvera à	90,000 »
Le roulement de 100,000 à 5 °/₀ d'intérêt à	5,000 »
Le personnel et administration donneront en frais.	50,000 »
ou 10 0/0 du total frais fixes.	145,000 »

Il faudra dépenser en total fr. 1,450,000 d'exploitation, et produire, fr. 2,385 étant le prix du kilo fabriqué, environ 610,000 kilos de fil par an pour payer les frais fixes. Or, la broche pouvant donner 25 kilos par an, ou en tout 625,000 kilos, l'usine serait dans de bonnes conditions.

58. — TISSAGE DU COTON.

Pour simplifier, nous supposons maintenant une usine organisée pour la fabrication du calicot, et nous trouvons dans l'enquête de 1861 qu'une usine de 100 métiers coûtera 120,000 francs, et nécessitera :

Amortissements et intérêts à 10 % . .	12,000 »
Roulement 50,000 à 5 %	2,500 »
Contributions, administration. . .	10,000 »
Frais fixes à amortir. Total. .	24,500 »

Un métier produit 8,500 m/ de calicot par an.

Le revient du calicot se divise ainsi :

Frais fixes	8	100 à 0,35 le mètre.
Frais variables. . .	10	
Main-d'œuvre. . .	22	
Matière première. .	60	

Le chiffre des frais fixes étant 24,500, quelle dépense totale devra faire l'usine pour le solder sans augmenter le prix de revient? Cette dépense égale 306,250 francs. Or 306,250, à 0,35 le mètre, indiquent que l'usine doit faire 875,000 m/ de calicot par an.

Supposons que, par des circonstances de force majeure, l'usine ne produise qu'un chiffre de 600,000 m/, nous aurons :

Frais fixes	24,500 »	217,700
Frais variables . . .	193,200 »	

ou par mètre 0 fr. 363, ce qui donne une augmentation par mètre de 0 fr., 013, ou sur 600,000, si le prix de vente n'a pas varié, une perte de fr. 7,800.

59. — QUATRIÈME ÉTUDE.

Agriculture.

Après l'examen du prix de revient d'industries de création ou d'appropriation, nous aurions désiré procéder de la même manière pour l'agriculture. Mais cette grande industrie est aussi complexe et aussi variée que le climat et que le sol lui-même, dont la constitution géologique donne des différences infinies. Où trouver les bases d'un prix de revient régulateur, quand chaque département, chaque commune a les siennes propre?

Pour fixer les idées, nous prendrons une ferme du centre de la France dont le produit principal se compose de céréales. La propriété, dans cette région, était autrefois exploitée en trois divisions ou assolements : la première donnait le blé; la seconde, le seigle, l'orge et l'avoine; la troisième se reposait. Dans ces derniers temps, les prairies artificielles, les produits secondaires, sont venus modifier cette manière de procéder, et ont permis d'augmenter le rendement et de le mettre en rapport avec l'élévation continue de la valeur de la terre. Malheureusement, le capital d'exploitation manque presque toujours, et cette situation nuit à l'agriculture, qui ne peut proportionner à l'élévation du prix du sol la dépense que nécessiterait l'introduction des moyens perfectionnés de culture et les formes d'exploitation industrielles pour élever le produit et payer l'intérêt du capital fourni.

Revenons à notre ferme assolée par l'ancienne méthode et voyons, après avoir supposé le prix de l'hectare de terrain à fr. 1,000, le prix de revient du blé par hectare, en laissant de côté tous les travaux accessoires de la ferme, dont le résultat devrait être de payer les frais de l'exploitant.

Voici le décompte de revient de la ferme à l'hectare :

	FRAIS FIXES.	FRAIS VARIABLES.	TOTAL.
1re Année. — *Produit du blé.*			
Labour.	»»	64 »»	251 »»
Fumure.	»»	99 »»	
Semence, 2h 60 à 25 fr.	»»	65 »»	
Sarclage, récolte, transport. . . .	»»	23 »»	
2e Année. — *Produit orge et avoine.*			
Labour.	»»	32 »»	68 »»
Semence.	»»	18 »»	
Récolte, etc.	»»	18 »»	
3e Année. — *Rien.*			
Rente de 1 hect. à 3 %, de 1,000 fr. (3 ans).	90 »»	. . .	105 »»
Impôts.	15 »»		
Pour trois ans. . . . . fr.	105 »»	319 »»	424 »»
Proportions.	25 »»	75 »»	100 »»
Produit. 18 hectol. blé à 17 fr. 50 = 315 »»	. . .	. . .	467 »»
18 d° avoine à 8 fr. »» = 152 »»			

Ce tableau est extrait d'un ouvrage publié il y a environ 30 ans. Il est inutile de dire que des changements profonds ont aujourd'hui modifié ces données; cependant cela n'ôte rien de leur valeur aux calculs qui vont suivre.

Nous allons tirer de ce renseignement quelques études curieuses, en l'appliquant au rendement d'une ferme.

Une propriété de 300,000 francs de valeur, donnant un revenu de 3 %, imposera en frais fixes une somme de 9,000

En ajoutant pour impôts et frais annuels 1,500

Nous avons en frais fixes . .	10,500	»
Les frais variables étant de $\frac{10500}{25} \times 75$ donneront. . . .	31,500	»
Soit un total annuel de . . fr.	42,000	»

La propriété devra produire pendant l'assolement en blé, orge et avoine, pour une somme équivalente, soit en blé 1,800 hectolitres, en seigle, orge, etc., 1,900 hectolitres, qui, calculés à 16 fr. l'hectolitre de blé et 7 fr. l'hectolitre d'orge, donnent le chiffre de 42,000 fr.

Le fermier, en payant pour loyer de la propriété 3 % de la valeur, devra trouver un bénéfice dans les travaux accessoires et dans l'élève des bestiaux. S'il n'a pas de capital, il ne pourra rien améliorer, et forcé de payer le loyer fixe, il ne se tirera d'affaire que par des prodiges d'économie.

Mais supposons que cet agriculteur ait des capitaux et qu'il veuille travailler en améliorant la propriété qui lui aurait été donnée à long bail. S'il double l'engrais, toutes choses restant égales d'ailleurs, il subira les frais suivants :

Dépenses fixes		10,500	»
Dépenses variables	31,500		
augmentées de 31 °/₀, rapport du prix de la fumure aux autres dépenses	9,745	41,245	»
Total . . . fr.		51,745	»

Soit, au lieu du premier chiffre fr. 42,000, une augmentation de près de 25 °/₀ sur le total. Il court le risque de ne pas retrouver l'équivalent de ces 25 °/₀ dans la prochaine récolte, mais celle que l'assolement ramènera lui donnera certainement une large rémunération. Les rotations suivantes, s'il continue à améliorer, lui permettront des cultures intermédiaires fructueuses, qu'il peut rendre plus fructueuses encore en élevant du bétail.

Les engrais du savant M. Vill augmenteraient le total des frais variables de la ferme de 38 °/₀, et donneraient :

Frais fixes.		10,500	»
Frais variables	31,500		
Plus de 38 °/₀.	11,970	43,470	»
Total. . . fr.		53,970	»

ou près de 30 °/₀. Mais si, au lieu de 18 hectolitres à l'hectare, cet engrais donnait plus de 25 hectolitres, l'agriculteur qui s'en servirait obtiendrait pour 100 hectares :

2,500 hectol. blé à 16 fr.	40,000	»
2,650 hectol. seigle, orge, etc., à 8 .	21,200	»
Total. . .	61,200	»

ou un bénéfice en plus de 13 °/₀ environ.

On voit quelle influence le capital peut avoir dans les opérations; mais il faut remarquer que l'intervention du capital dans l'agriculture ayant lieu sous deux formes, celle de l'immeuble et celle du capital de roulement, le résultat est différent dans l'une et l'autre circonstance. Le propriétaire du sol qui vendrait sa propreté à 3 °/₀ de la location la laisserait à son acheteur grevée de tous les frais de l'achat, environ 10 °/₀. Si le nouveau propriétaire veut toujours louer à 3 °/₀ au fermier sans capital de roulement, il devra charger la location de près de fr. 1,000 chaque année. Or, le fermier ne pouvant, faute d'avances, faire de la culture améliorante, cette augmentation deviendra pour lui une perte sèche qui le conduira à sa ruine, en élevant de près de 30 centimes par hectolitre son prix de revient sans compensation.

60. — CONSIDÉRATIONS A DÉDUIRE DE CE QUI PRÉCÈDE.

Cette étude dans le domaine de l'industrie agricole va nous permettre de déduire de notre travail quelques considérations sur la question du capital.

On voit quelle importance la formation du capital prend dans toutes les industries. Il y a une connexité, qu'on ne doit en aucun cas négliger d'examiner, entre la puissance productive, l'organisation première des affaires et le capital.

61. — COMPARAISON DU CAPITAL IMMOBILISÉ ET DU CAPITAL DE ROULEMENT.

Nous venons de démontrer que, dans l'organisation du capital, il est deux points à considérer : l'un est relatif au capital immobilisé, l'autre au capital de roulement. Si le premier n'est pas légitimé par une nécessité, on peut dire qu'il grève inutilement le prix de revient ; mais l'influence du second, quand il s'élève par l'ordre et par l'épargne, féconde l'industrie, permet de diminuer au minimum le prix de revient, et augmente la richesse commune.

62. — LE CAPITAL DOIT ÊTRE POSSÉDÉ PLUTÔT QU'EMPRUNTÉ.

Nous devons compléter cette étude sur le capital en disant que nous regardons comme nécessaire qu'une affaire sérieuse, fondée par de nombreux associés, possède son capital d'apport. L'emprunt, sous quelque forme que ce soit, est dangereux, en ce sens que l'intérêt dû pour un emprunt privilégié doit être pris sur le capital, si, par une circonstance de force majeure, l'entreprise n'a rien gagné pendant une année d'exercice. L'actionnaire sait accepter les pertes quand on les lui explique clairement et surtout quand une comptabilité bien tenue les reflète. Il consentira à se priver d'intérêt pour conserver à son titre toute sa valeur originaire si l'absence de bénéfices provient de force majeure. Mais le prêteur privilégié laissera tomber la meilleure affaire si son intérêt ne lui arrive pas à l'échéance convenue.

63. — PONDÉRATION DES CAPITAUX.

Le capital ne doit être ni trop faible ni trop élevé, parce que, dans le premier cas, il ouvre la voie aux emprunts dangereux, et que, dans le second cas, il charge inutilement le revient. Nous pensons cependant que mieux vaudrait avoir un capital dépassant un peu le nécessaire qu'un capital inférieur aux besoins.

Il est aussi très-important de veiller, lorsqu'on fait l'étude d'une entreprise, à ce que le capital immobilisé ne devienne pas exagéré par des travaux de luxe ou par des extensions inutiles de construction. A quoi bon dépenser dans un bâtiment, qui souvent ne doit durer que le temps fixé pour la vie d'une entreprise, des sommes considérables en vue d'une solidité, d'une dimension ou d'une forme inutiles à l'objet que la société se propose d'obtenir ?

Nous conseillons fortement les réserves larges pendant les années prospères. On n'en peut jamais trop voir élever le chiffre.

64. — RÉSUMÉ DU CHAPITRE.

De tout ce que nous venons d'exposer, il ressort que l'étude des prix de revient est une partie essentielle de la marche des affaires industrielles. Le prix de revient est influencé par une foule de faits, dépendants ou indépendants de la volonté de l'homme qui conduit une affaire. Dans la nature des faits indépendants se placent ceux qui dérivent de la concurrence, soit de l'achat, soit de la vente ; ceux qui procèdent de circonstances de temps, d'imprévus politiques, de crises financières, de coalitions ou autres. Dans les faits dépendants, nous pouvons mettre ceux qui pourraient être conjurés : ceux, par exemple, d'une mauvaise organisation du capital industriel, d'une connaissance insuffisante du travail, d'un défaut d'ordre, etc.

Il résulte encore de ce que nous avons exposé que l'industriel ne saurait mettre trop de soins à se bien rendre compte du prix de ses produits. Le calcul du prix de revient effectif, et non de devis, est une opération délicate pour laquelle il faut des préparations minutieuses, des combinaisons mathématiques et des soins continus. Une comptabilité logique est le meilleur guide pour l'industriel, et nous devons renvoyer à ce sujet au traité spécial que nous avons publié. Si l'ordre et la méthode dans l'organisation ne peuvent remplacer l'intelligence et le talent de l'industriel, on peut dire, d'un autre côté, que les qualités les plus brillantes de l'homme ne peuvent non plus tenir la place de cette puissance qu'on appelle l'ordre.

CHAPITRE XV.

Du bénéfice ou de la perte.

---

65. — DÉFINITIONS ET EXPLICATIONS.

Le but de tout travail humain doit être un gain ou bénéfice qui rémunère celui qui a déployé ses forces musculaires ou tendu son esprit pour la production. Ce gain, ce bénéfice, doit représenter la quantité produite par l'individu en plus de sa consommation habituelle, ou bien la différence qui existerait entre le prix de revient de l'objet produit et le prix auquel le producteur jugerait nécessaire de le vendre pour se rémunérer de son travail. Si l'industriel peut arriver à force de soins à produire, au prix le plus bas possible, l'objet qu'il veut vendre, il doit subir pour le prix de vente l'influence de causes extérieures et indépendantes de sa volonté.

D'un côté, nous trouvons la dépense, qui est représentée effectivement par l'objet consommable ou utilisable. De l'autre, nous devons rencontrer la satisfaction d'un besoin par la consommation de l'objet. La consommation peut être directe, si le producteur utilise lui-même l'objet de son travail; dans ce cas il n'a pas à s'inquiéter du bénéfice. Elle peut être indirecte par l'échange de l'objet contre un autre plus utile aux besoins de l'industriel producteur; mais alors la condition essentielle de l'échange des deux objets, c'est la liberté et la convenance. Il faut que celui qui a créé, en dépensant son temps et ses efforts, soit rémunéré par une valeur dont l'importance est déterminée par les besoins communs. Le cours ou la valeur publique des matières appropriées à la consommation est toujours basé, disent les économistes, sur une moyenne placée entre les besoins de l'offre et ceux de la demande.

66. — PRIX DE REVIENT ET PRIX DE VENTE.

Il y a donc à considérer dans l'industrie deux points importants, qui sont :

1° La valeur du produit créé restant entre les mains de l'industriel;

2° La valeur de ce même produit passé aux mains de l'acheteur.

En d'autres termes, la rémunération de l'industriel producteur doit se trouver entre les deux termes d'une équation et les compléter.

Ces termes sont :

1° Le prix de revient;

2° Le prix de vente.

La différence entre les deux est le bénéfice ou la perte de l'affaire industrielle.

Toute entreprise industrielle devant nécessairement donner lieu à la solution de cette équation, on comprend que la vente reste pour l'entrepreneur une préoccupation plus grave que celle de l'économie. Il travaille, il risque ses épargnes pour produire un bénéfice; souvent il ignore longtemps le résultat qu'il obtient, et ce résultat déjoue parfois toutes ses prévisions, parce qu'il n'est pas maître du cours.

Nous voyons tous les jours des hommes intelligents, hardis, créer des industries qui les ruinent, tandis que les mêmes affaires, reprises par des mains qui paraissent moins fortes, prospèrent et grandissent. C'est que les premiers créateurs de l'industrie, n'en voyant le résultat qu'à travers le prisme des devis et des revients tracés à l'avance, jugent mal, tandis que les seconds, défiants et méthodiques, suivent de près l'affaire dont ils prennent la responsabilité.

Pour créer une affaire, il faut souvent moins de valeur que pour la mener à bien. En effet, il est toujours possible de combiner des chiffres et de faire un devis, puisque le contrôle n'existe pas ; mais quel soin, quel coup d'œil ne faut-il pas pour exécuter dans des limites sévères ce que l'on n'a pu voir encore que par une sorte d'intuition !

Ainsi, dans toute organisation, il y a d'abord la prévision des résultats ; que cette prévision soit appuyée sur des faits antérieurs ou sur une conception neuve. Puis, l'affaire une fois organisée, il y a la réalité des faits à comparer aux prévisions. Or, les résultats doivent ressortir de deux points connus : 1° le prix de revient; 2° le prix de vente.

Comment connaître le prix de revient et le prix de vente ? En écrivant les opérations au moment où elles se produisent. De là découle la nécessité d'une comptabilité précise qui, comme un miroir, réfléchisse tous les mouvements.

Nous allons étudier ces divers éléments de l'économie industrielle.

CHAPITRE XVI.

Du rôle de la comptabilité dans l'industrie.

---

67. — RÔLE DE LA COMPTABILITÉ DANS L'INDUSTRIE.

On n'a pas assez tenu compte du rôle important que la comptabilité doit avoir dans l'industrie. On a toujours cru qu'il suffisait d'inscrire régulièrement sur des livres les mouvements des espèces entrées et sorties pour avoir fait le nécessaire.

Nous croyons avoir démontré, dans notre grand traité de comptabilité et d'administration industrielles, comment il fallait envisager cette partie des entreprises. Les renseignements que des écritures bien comprises mettent à la disposition d'un chef intelligent, sont précieux à plus d'un titre. Ces écritures lui fournissent des données certaines sur la marche de ses affaires, et lui montrent à tout instant les résultats de ses travaux. Les chiffres méthodiquement classés, lui permettent d'agir toujours en connaissance de cause.

68. — L'INDUSTRIEL DEVRAIT ÊTRE EN ÉTAT D'ORGANISER SA COMPTABILITÉ.

Un industriel, faute de savoir par lui-même la manière dont il doit diriger le comptable dans son organisation, risque de rester pendant l'intervalle de deux inventaires dans la plus complète ignorance de ce qu'il fait. On devine le danger d'une pareille situation, qui est, nous devons l'avouer, la plus commune encore aujourd'hui. C'est qu'il est rare de rencontrer un employé assez instruit pour organiser le jeu des comptes qui doivent expliquer les opérations industrielles et en faire ressortir le revient exact. Cela tient, il faut l'avouer, à ce que la science de la comptabilité est peu connue. On apprend, sous ce nom, la manière de tenir des livres au moyen de formules uniformes applicables aux circonstances les plus diverses, mais on ne va pas plus loin. Les écoles industrielles de toute nature n'en enseignent pas davantage, et les chefs d'usines, absorbés par les graves préoccupations de l'exploitation d'une affaire, n'appliquent pas leur attention sur ce sujet. Il y a, croyons-nous, quelque chose à faire de ce côté.

Suivant que l'industrie est personnelle, en association d'efforts ou grande industrie, l'objet de la comptabilité est différent. Dans l'industrie personnelle sans capital, on comprend que l'inscription simple des dépenses et des recettes réponde aux besoins. Dans la simple association d'efforts sans capitaux immobilisés, sans nécessités d'approvisionnement considérable, on pourrait croire qu'il en est de même; mais le seul fait de l'association exige une forme plus avancée d'écritures, et il faut tenir un compte des versements de chacun des intéressés. Il faut de plus que l'installation des écritures permette d'établir régulièrement le compte des bénéfices ou des pertes du travail exécuté en commun.

Dans la grande industrie, ces formes élémentaires sont insuffisantes. Il faut organiser la comptabilité de telle façon que, non-seulement elle fasse connaître les comptes des personnes, mais encore ceux des choses. Il y a lieu de suivre les mouvements des capitaux considérables engagés dans une affaire, leur passage par les opérations industrielles, le revient de la production, le prix de la vente du produit et les résultats de l'industrie par la comparaison des deux facteurs connus : le prix de revient et le prix de vente.

69. — RENSEIGNEMENTS QUE DOIT FOURNIR LA COMPTABILITÉ.

Il ne faut pas seulement que les résultats de l'entreprise ressortent des chiffres comparés de deux inventaires, mais encore qu'ils résultent automatiquement des écritures par une situation mensuelle du grand-livre. Il faut de plus que l'inscription des opérations sur les livres soit telle que l'on puisse y lire à tout instant, dans un ordre statistique, tous les faits qui intéressent le chef de l'industrie :

Le cours des matières premières;

Le taux de la main-d'œuvre;

Le mouvement journalier des matières premières et des produits;

Le mouvement des ventes;

Le cours des produits vendus;

Les existants des valeurs de toute nature;

La situation du capital engagé;

La composition et la marche des travaux, etc., etc.

Toutes les ressources de la comptabilité doivent être mises en jeu, tous les rouages de l'administration doivent être combinés pour fournir ces renseignements.

Il convient également que l'industriel ne commence pas ses travaux avant qu'un inventaire, sérieusement fait et régulièrement arrêté, ait mis en ses mains tous les éléments qui doivent concourir à son œuvre. Tout acte d'association ou de division entre les intéressés devant être précédé ou suivi de l'inventaire, il faut apporter les plus grands soins à la confection de cet important document. Une fois la forme adoptée par les intéressés, l'inventaire doit servir de point de départ aux combinaisons de la comptabilité.

Nous insistons beaucoup sur la bonne organisation des écritures dans l'industrie. Le chef d'usine qui peut lire dans une bonne comptabilité y puise une grande sécurité, en même temps que des éléments précieux pour la direction de ses affaires.

Nous allons essayer de faire comprendre la théorie de l'administration et de la comptabilité, renvoyant pour plus de renseignements à l'ouvrage que nous avons publié sur ce sujet.

Nous n'avons pas à insister sur l'organisation des industries personnelles en ce qui touche la comptabilité. Tout le monde peut tracer le livre qui doit servir à l'inscription des mouvements de l'argent ainsi que celui qui doit porter le compte des personnes à qui il est dû ou qui doivent. Nous devons toutefois appuyer sur ce que, par industrie personnelle, nous entendons l'industrie sans capitaux, celle par exemple de l'ouvrier qui s'est établi maître. La grande industrie peut être faite par un seul industriel, mais elle n'en nécessite pas moins la réunion d'un très-grand capital et de capacités de tout genre.

Nous nous occuperons plus spécialement de cette dernière dans ce qui va suivre. Chacun pourra trouver dans nos instructions sur l'administration et la comptabilité la part qui lui sera nécessaire.

CHAPITRE XVII.

Administration et personnel dans les grandes industries.

---

70. — L'ORGANISATION ADMINISTRATIVE ET COMPTABLE DOIT PRÉCÉDER L'EXPLOITATION.

Contrairement à ce qui se pratique tous les jours, nous dirons que l'organisation de l'administration et de la comptabilité d'une affaire devrait précéder toute opération industrielle. Voici les raisons qui nous font parler ainsi :

Ce qui importe surtout dans une entreprise, c'est de se rendre un compte exact des travaux qui en sont la raison d'être et des mouvements de valeurs qui en sont la conséquence. Penser qu'on peut mettre une usine en mouvement, sans se préoccuper en même temps des moyens d'écrire ce qui s'y passe, sous le prétexte qu'on peut toujours le faire et qu'on a le temps d'y revenir, c'est une manière de voir qui doit conduire à des résultats fâcheux. En outre du danger qu'il y a de laisser prendre au personnel une mauvaise direction et des habitudes d'irrégularité, il y a la difficulté d'organiser une comptabilité et de la mettre à jour pendant la marche des opérations. Nous nous sommes trouvé dans le cas de voir déplorer de la part des industriels ce manque de prévision, dont le résultat est de retarder, souvent dans des proportions imprévues, des écritures urgentes, et d'en voir surgir du désordre.

Qu'on ne s'effraye pas de nous entendre émettre l'avis qu'il faudrait organiser les bureaux avant de travailler. Il faut s'entendre à ce sujet. Nous ne voulons pas dire que, si l'industrie qu'il s'agit de fonder doit utiliser, par exemple, le travail de vingt employés dans une marche normale, il faille prendre ce personnel avant de se procurer les ouvriers qui doivent donner le mouvement à l'usine ; ce serait presque le contraire de notre opinion. En conseillant que l'organisation administrative précède les opérations, nous voulons faire comprendre qu'il faut commencer par prévoir les nécessités auxquelles on devra pourvoir avant que ces nécessités deviennent une cause d'embarras. Il convient que l'industriel étudie d'abord la marche technique de son usine, qu'il se rende compte du nombre de contre-maîtres qu'il doit employer pour que la main-d'œuvre ne soit pas payée sans sa complète utilisation. Il faut qu'il cherche le moyen le plus simple pour noter avec exactitude le travail fait et la forme des tableaux sur lesquels l'employé marquera heure par heure le temps passé. Il faut prévoir la manière dont ce tableau originaire devra être condensé, pour fournir les résultats qui intéressent plus particulièrement l'industriel et pour donner les éléments d'un prix de revient réel. Cette étude préliminaire terminée, il est clair que si, au début, un seul employé suffit, nous ne pouvons conseiller d'en prendre de suite le nombre qui sera nécessaire lorsque l'affaire marchera en grand.

Il en est de même du personnel des bureaux destinés au service commercial de l'entreprise. Si, en commençant, un employé suffit pour tenir les magasins et en écrire les mouvements dans l'ordre qui paraît le plus convenable au but que l'industriel poursuit, nous ne pouvons conseiller d'en prendre un second, bien qu'il soit nécessaire de le faire un peu plus tard. Mais nous ne saurions trop engager un industriel à tracer avec soin, avant toute opération, la marche que l'employé devra suivre pour noter les mouvements dont il est chargé.

Nous espérons avoir fait comprendre ce que nous entendions en disant en commençant que l'organisation de l'administration et de la comptabilité d'une affaire doit procéder toute opération. Il faut que le caissier soit choisi et son livre de caisse tracé avant de lui confier des fonds ; il en est de même du magasinier et du surveillant de fabrication. Si l'on prévoit une extension considérable des affaires, il convient de déterminer un cadre du personnel futur. Les premiers titulaires, une fois au courant, deviendront naturellement les chefs de file des employés nouveaux, en les initiant au travail matériel qu'ils devront faire sous la responsabilité de l'employé principal.

Nous verrons plus loin l'importance d'une bonne organisation originaire, et celle plus grande encore d'un plan bien étudié et logiquement conçu, pour contrôler et résumer tous les mouvements.

71. — CHOIX DU PERSONNEL.

Le choix du personnel est une affaire de tact. Le chef de maison qui sait juger et conduire les hommes, a un avantage considérable sur celui qui ne possède pas cette précieuse qualité. L'employé de mœurs honnêtes, courageux et attaché à ses devoirs, est un auxiliaire précieux. Le chef doit, autant que possible, consulter les aptitudes de l'homme qu'il emploie. Tel employé qui fera un excellent surveillant, deviendra un médiocre teneur de livres, et *vice versâ*. Mais, dans tous les cas, l'employé honnête, modeste et actif, sera toujours celui qui rendra le plus de services.

Une grande affaire met en mouvement un certain nombre de personnes de savoir et de capacité différentes. Malheureusement, on ne peut toujours leur donner une confiance égale, et il faut prévoir toutes les circonstances du travail, juger là ou le contrôle est nécessaire, et là ou les hommes peuvent être laissés à leur libre arbitre. Une organisation qui établit un contrôle naturel de toutes les opérations, donne le meilleur moyen d'arriver à ce but. Montrer à l'employé qu'il est surveillé, lui désigner le cercle dans lequel doivent se mouvoir son activité et son initiative, lui faire comprendre clairement les limites de ses attributions, nous semblent des précautions sur lesquelles il est inutile de s'appesantir. L'employé, tout en se tenant dans son rôle, trouvera, s'il est consciencieux, des améliorations pratiques à introduire dans son travail. Il faut laisser entrevoir au personnel des chances d'améliorations successives dans sa position, soit par des mutations bien entendues, soit par l'accroissement des opérations. Si l'ouvrier doit être conduit simplement avec la stricte justice, l'employé exige un peu plus, il lui faut la bienveillance du chef.

72. — DU CONTRÔLE DES MOUVEMENTS.

Le contrôle du magasin des approvisionnements sera bien entendu, si le magasinier est responsable des matières brutes qu'il est chargé de conserver, et si le contre-maître, qui doit en prendre charge, est intéressé à en employer le moins possible pour le plus grand résultat à obtenir. Le magasinier responsable des produits à vendre contrôlera avec exactitude les produits de fabrication, dont le contre-maître cherche à lui livrer le plus grand nombre, pour l'intérêt de ses prix de revient.

Les opérations commerciales de l'achat et de la vente doivent être faites par un personnel distinct de celui qui garde, aussi bien que de celui qui consomme les matières premières pour l'exécution des travaux. Ce n'est que lorsque l'importance des affaires ne permet pas à l'industriel de faire lui-même ces transactions délicates qu'il peut en charger des employés. L'achat, quant au débat des prix, est alors soumis par l'employé au chef de la maison. Il est contrôlé, comme quantité, par le magasinier qui en prend charge, et quant à la qualité, par le contremaître qui l'emploie. Il y a lieu de chercher les moyens les plus simples, pour que ces contrôles s'effectuent avec régularité. On ne peut indiquer une marche à cet égard, cela dépend d'une foule de circonstances de lieu et de temps qui doivent être étudiées par l'organisateur. La vente est également assujettie à une foule de formalités délicates, où dans lesquelles le magasinier intervient seulement comme comptable quand il s'agit d'opérations en gros sur marchés ou de traités à forfait, mais qui, dans les affaires de détail, nécessitent l'utilisation d'hommes d'aptitudes différentes. Une règle essentielle doit surtout présider à l'organisation de la vente : c'est que l'employé qui délivre l'objet ne puisse encaisser le prix de la vente.

Dans certains cas, le contre-maître qui enrôle un ouvrier et fixe le prix de sa journée, ne devrait pas marquer le temps du travail ; il devrait simplement donner des indications à un employé chargé de noter les heures et de les calculer. De même, l'employé qui a fait la feuille de paye, ne devrait pas en recevoir le montant, pour le distribuer lui-même à l'ouvrier. Ce dernier devrait être payé directement par le caissier sur la feuille dressée par l'employé qui a noté le temps. Dans une comptabilité bien organisée, l'employé teneur de livres, chargé de comparer les opérations effectuées, devient un contrôleur par la nécessité où il se trouve de faire jouer constamment les chiffres entre eux.

73. — DU ROLE DES AGENTS DANS LA COMPTABILITÉ PRÉPARATOIRE ET ADMINISTRATIVE.

Pour procéder méthodiquement à l'organisation d'une comptabilité industrielle, il est nécessaire de s'appliquer à bien distinguer ce qui est du ressort du travail préparatoire des écritures, ou comptabilité administrative, de ce qui regarde la comptabilité proprement dite, dont le but est l'étude de l'espèce et celle du jeu des comptes qu'il est nécessaire d'ouvrir sur les livres ainsi que la tenue de ces comptes.

La comptabilité administrative a pour but de faire sur des tableaux, ou par le moyen de bulletins journaliers, l'inscription de tous les mouvements qui s'effectuent dans la succession des opérations industrielles. Il faut choisir des ouvriers, et remettre à chacun d'eux, à son entrée dans l'usine, un bulletin portant son nom, son prénom, son âge, sa spécialité, souvent même des indications personnelles plus détaillées. Il faut signaler le prix de l'engagement de l'ouvrier, les diminutions ou les augmentations auxquelles ce prix peut être assujetti et le moment où elles se produisent. Il faut enfin noter le temps passé à chaque travail, le calculer, le payer. Il convient encore d'indiquer la sortie de l'ouvrier lorsqu'il quitte l'atelier à la fin d'un engagement, ou quand il sort par suite du manque de travail. On comprend que des bulletins délivrés à chaque mouvement par le contre-maître, chef de l'ouvrier, venant se réunir et se classer dans un bureau affecté spécialement à ces indications, permettront à l'employé qui en est chargé d'écrire tous ces mouvements. Le temps passé aux travaux, noté directement dans les ateliers par un employé spécial, sera calculé, divisé et appliqué sur des tableaux qui serviront au caissier pour le payement, et au comptable pour l'application de la dépense au compte du prix de revient.

Les mouvements des magasins doivent être notés avec une exactitude scrupuleuse, tant à l'entrée qu'à la sortie. Le magasinier des matières premières, de même que le caissier, doit toujours reproduire les valeurs existantes par le solde de ses livres. La facture du fournisseur qui livre l'objet ou la matière entrée en magasin doit former le débit du magasin qui a pris la matière ou l'objet en charge. Le bulletin ou la facture de livraison à l'atelier forme le crédit du magasin qui livre. L'entrée et la sortie du magasin doivent être inscrites avec la même sévérité; et si, d'une part, la facture du fournisseur a une incontestable autorité, puisqu'elle est le résultat d'une transaction extérieure, il convient, d'autre part, que la remise aux ateliers soit écrite, comme l'achat, sous la sanction d'un débat entre les deux employés : celui qui livre la marchandise et celui qui la reçoit. Il convient, dans ce cas, que la livraison soit effectuée en vertu d'une demande signée par celui qui doit utiliser la matière, et que l'opération soit complétée par un reçu qui indique la quantité réelle livrée. En effet, dans certains cas, la demande porte sur un chiffre qui ne peut être connu qu'après des livraisons successives, et il convient que le magasinier qui indique les quantités soit contrôlé par l'employé qui reçoit la matière.

Dans l'organisation des magasins, il est de toute nécessité de prévoir les cas de déchet, de bris, de dépréciation que l'objet ou la matière peut subir par des manipulations successives ou par un séjour prolongé. Il faut, en outre, déterminer de quelle manière les frais de magasin : transports, manipulations, octrois, camionnages, entreront dans le prix de revient de l'objet emmagasiné.

Enfin, il faut organiser le jeu des factures des fournisseurs de telle façon que le magasin ne soit chargé, à un moment donné, que de la valeur des matières entrées réellement à ce moment. Nous avons donné dans notre « Traité de comptabilité et d'administration industrielle » la manière de lever toutes les difficultés qui peuvent se présenter à ce sujet. (Chapitre XVIII, nos 245, 246, et chapitre XXVII, nos 446, 447.)

74. — CONTRÔLE PARTICULIER DES FRAIS GÉNÉRAUX.

Nous avons expliqué, chapitre XII, que les dépenses que l'on désigne sous le nom de « Frais généraux, » sont des dépenses qui ne peuvent être portées au compte des opérations industrielles que proportionnellement. Nous avons donné, dans ce chapitre, des détails que nous n'avons nul besoin de reproduire. Nous devons ajouter à ce que nous avons dit que, ces dépenses étant toutes intérieures, c'est-à-dire non assujetties à un débat avec un tiers intéressé, le chef d'une affaire doit se réserver un contrôle nécessaire sur ces frais. Nous engageons les industriels à tenir la main à ce qu'aucune dépense, devant passer en frais généraux, ne puisse être faite sans un ordre spécial ou sans un visa. Nous les engageons, en outre, à cataloguer et classifier par nature de comptes toutes les dépenses qui doivent charger une affaire, à quelque titre que ce soit, et à en faire autant pour les recettes que doit faire l'entreprise. On évite par là toute méprise dans les écritures.

CHAPITRE XVIII.

Comptabilité générale, Contrôle et Comptabilité auxiliaire.

---

75. — COMPTABILITÉ.

La comptabilité, qui est la science des comptes, a pour but de suivre, par l'inscription de toutes les recettes et de toutes les dépenses, deux sortes de mouvements. Le premier est celui qui résulte des relations avec les personnes étrangères à l'affaire et ayant leur intérêt particulier à débattre; le second est celui qui est la conséquence des opérations intérieures nécessitées par la production. La comptabilité doit classer méthodiquement ces mouvements, et indiquer par ses écritures les résultats d'une industrie.

Il est bon de répéter qu'il ne suffit pas que toutes les recettes et toutes les dépenses soient bien inscrites sur un livre, pour que l'industriel se rende exactement compte de ce qu'il fait. Il est, dans une exploitation, une quantité considérable de mouvements intérieurs dont il faut tenir compte, sous peine de marcher à l'aventure.

76. — BASES DE LA COMPTABILITÉ.

Il convient, dans l'organisation d'une comptabilité, de procéder avec le même soin que dans la solution des calculs les plus délicats. Les comptes étant considérés comme les termes d'une équation, il faut que le résultat s'en dégage naturellement et à tout instant. Ce résultat est le bénéfice ou la perte des opérations faites par l'industriel avec la clientèle. Deux éléments, ou deux facteurs connus, doivent toujours servir de base aux calculs. Ce sont :

1° Le prix de revient;

2° Le prix de vente.

L'organisateur doit donc avoir en vue, dans sa comptabilité, de trouver les combinaisons les plus simples pour arriver à la connaissance exacte de ces deux prix.

Le prix de vente est toujours facile à déterminer, il résulte d'un débat entre le vendeur et l'acheteur; il a un degré de certitude que le revient obtient difficilement. En effet, le prix de revient est souvent le résultat d'une quantité considérable de mouvements intérieurs et de produits intermédiaires à divers degrés d'avancement et de fabrication, lesquels concourent à la production définitive. Il convient d'apporter la plus grande attention à la détermination des comptes qui doivent rendre raison de ces mouvements, et donner le revient du produit définitif destiné à la vente.

77. — RÈGLES DE LA COMPTABILITÉ.

La première règle de la comptabilité est celle-ci :

Toutes les valeurs que possède l'industriel doivent conserver leur prix d'achat ou de revient, tant que ces valeurs restent dans ses maius.

La seconde règle, c'est que le bénéfice ou la perte ne puisse être déterminé que par la comparaison du prix de revient au prix indiqué par la vente effectuée.

78. — TENUE DES LIVRES.

Il y a deux manières de tenir les livres : on les désigne sous le nom de partie simple et de partie double. La dernière peut seule nous occuper, parce qu'elle donne, par une simple opération, l'écriture d'une recette ou d'une dépense sous une forme qui en permet mécaniquement le contrôle.

79. — CE QU'ON ENTEND PAR LA TENUE DES LIVRES EN PARTIE DOUBLE.

Le système de la tenue des livres en partie double est caractérisé par ce fait principal que chaque mouvement de valeurs est toujours écrit au moyen d'une formule qui indique la sortie en même temps que l'entrée, la recette en même temps que la dépense.

Si le négociant X reçoit de B 100 francs, par exemple, on définit ce fait dans cette méthode par l'équation :

$$X\ 100 = B\ 100.$$

Le même jour, le négociant X peut avoir reçu de B 100 et de C 100; l'écriture sera :

$$X\ 200 = B\ 100 + C\ 100.$$

Voici les conséquences de cette manière d'écrire les mouvements : le négociant X, qui tient ainsi ses écritures, indique par ce moyen, non-seulement le mouvement de ses propres valeurs, mais encore le rapport de ce mouvement avec celui que doivent faire les personnes qui sont en affaires avec lui. De cette façon, à la fin d'un certain laps de temps, il sait, non-seulement l'argent qu'il possède, mais encore pour quel mouvement chacun de ses clients est intervenu dans ce qu'il possède, et comment il reste intéressé dans ce solde.

Tous les mouvements personnels du négociant ou de l'industriel étant liés à ceux de ses clients et formant équation, le total des équations, par chacun de ces termes :

Mouvements personnels,

Relations extérieures,

indique constamment l'état de la fortune du négociant.

Sur son grand-livre, le négociant X pourrait, pour tout ce qui le touche, avoir un seul compte à son nom ; mais ce compte aurait, à tout instant, besoin d'être dépouillé pour connaître l'état de certaines valeurs ; aussi a-t-on pris l'habitude de diviser le compte personnel du négociant en divers comptes, suivant la nature de la valeur mouvementée. Ainsi, le compte particulier de l'industriel sera représenté à son grand-livre par un compte :

de caisse pour les espèces;

de portefeuille pour les valeurs de papier ;

de magasin pour les marchandises ;

d'immeubles pour les maisons, etc.

Il en résulte que, pour un mouvement d'argent, au lieu d'écrire X 100 = B 100, comme ci-dessus, le négociant X écrit sur ses livres Caisse 100 = B 100, c'est-à-dire que chaque fois qu'un mouvement met le compte du négociant lui-même en présence du compte d'un client, c'est un des comptes de valeurs Caisse, Portefeuille, Magasin, etc., qui figure dans la formule à sa place.

La tenue des livres en partie double tire donc ce nom de ce que le comptable, non-seulement tient le compte du mouvement de ses valeurs personnelles, mais encore le compte des clients de sa maison pour la part qu'ils ont eue dans ces mouvements. Cette double indication des écritures a pour conséquence de montrer continuellement, et par une corrélation directe, deux situations d'une même affaire.

1° Situation de l'affaire vis-à-vis d'elle-même;

2° Situation de l'affaire en regard de ses relations extérieures.

Cette marche est particulière à ce mode de comptabilité.

Les deux situations, liées entre elles comme nous venons de le dire, se contrôlent et se vérifient mutuellement.

Que tous les comptes qui forment les relations extérieures soient exacts, la conséquence sera la vérité de la situation intérieure.

On comprend cependant que la comptabilité en partie double puisse indiquer dans ses formules les mouvements de valeurs qui s'exécutent en dehors des relations avec les tiers. Quand le magasin livre de la matière brute aux ateliers, on peut appliquer le principe du double mouvement à cette opération, et l'atelier, considéré comme un individu, est débité par le crédit du magasin.

Quand un mouvement est fait en dehors de l'industriel, mais pour son compte, la formule, bien qu'étant relative aux relations extérieures, n'en conserve pas moins sa régularité. Ainsi, le banquier A paye une somme pour le compte de l'industriel à B. L'industriel débite B par le crédit de A sur ses propres livres.

Les livres employés dans cette méthode sont au nombre de deux :

1° Le Journal ;

2° Le Grand-Livre.

Mais ils peuvent être complétés par des livres de détail adaptés aux besoins spéciaux de l'industrie. Les livres de détail dérivent toujours des deux types principaux : le Journal et le Grand-Livre, dans lesquels ils doivent être résumés périodiquement au moyen des formules dont nous venons d'exposer les principes.

80. — JOURNAL.

Le journal est écrit d'après ces formules, au jour le jour et suivant l'ordre où se produisent les mouvements. Il englobe toutes les opérations dans un seul total. La somme d'une écriture à comprendre dans ce total est celle du premier terme de l'équation que la formule représente :

	Magasin a reçu des marchandises pour. . .		100 fr.
égale	X passé à son compte. . . . . . (partie de la livraison.)	50 »	
	Caisse payé comptant le reste. .	50 »	

Le total 100 est seul additionné dans les écritures du Journal.

81. — GRAND-LIVRE.

Le Grand-Livre développe les écritures du Journal dans un autre ordre. On reprend toutes les sommes inscrites sur le journal au nom de chaque compte, et on les porte au grand-livre en débit ou en crédit à chacun de ces comptes. Ainsi le Magasin a reçu pour 100 fr. de marchandise, il est débité de la somme. X a livré, sans être payé, pour 50 francs de ces marchandises, son compte en est crédité. La caisse a payé comptant pour 50 francs de ces mêmes marchandises, elle en est créditée.

Pour cela, le grand-livre est réglé en double, en ce

sens que les feuilles sont partagées en deux parties ; la partie gauche comprend toutes les sommes en débit, la partie droite toutes les sommes en crédit. Chaque feuille ainsi réglée porte le nom d'un compte.

Si, au bout d'un mois, on additionne toutes les sommes portées au grand-livre à chacun de ces comptes, au débit d'un côté et au crédit de l'autre, on doit trouver deux totaux égaux : en effet, on a réuni toutes les opérations distinctes écrites au journal en une seule, égale au total du journal lui-même.

Tous les mois on fait cette opération, que l'on nomme balance du grand-livre, en relevant chaque compte pour son total débit et pour son total crédit, sur une feuille particulière réglée à cet effet. Quand les chiffres de cette feuille sont additionnés et sont d'accord entre eux, et quand ils sont égaux au total du journal, la comptabilité est juste quant aux écritures matérielles.

82. — CLASSIFICATION DES VALEURS.

L'industriel divise ses valeurs en un nombre déterminé de comptes qu'il classe méthodiquement, et qui lui indiquent sa situation par leur jeu. Son grand-livre doit contenir des divisions de comptes pour les objets suivants :

1° Apport social, ou capital nominal;

2° Moyens d'action : Immeubles, mobilier, outillage, magasins d'approvisionnement, valeurs de caisse, portefeuille, actif et passif, travaux et fabrication en cours, magasin de vente;

3° Comptes courants, ou clientèle active et passive ;

4° Comptes d'exploitation, de vente, de résultats, ou profits et pertes.

La balance du grand-livre comprenant le solde de ces diverses classes de comptes donnera, si elle est bien entendue, une situation mensuelle exacte de l'industriel.

83. — JEU DES COMPTES DANS LA COMPTABILITÉ.

Il est nécessaire d'expliquer que le compte de l'apport social doit rester invariable pendant l'espace de deux inventaires. La 4e classe, qui représente les comptes de bénéfices ou de pertes journalières, englobe pendant le même temps toutes les opérations, et lorsque l'inventaire ou le bilan a fixé le chiffre définitif des résultats d'un exercice, cette division des comptes doit être soldée par la première, celle de l'apport social ou capital, parce que le bénéfice augmente le capital, et que la perte le diminue.

Quant aux divisions 2e et 3e, la deuxième a pour but de donner la situation constante de toutes les valeurs que possède l'industriel en immeubles, magasins, valeurs diverses de son capital ; la troisième, de faire connaître sa situation vis-à-vis des tiers.

Nous nous résumons en disant que l'équation dont la comptabilité a pour but de dégager l'inconnue, bénéfice ou perte, se compose des facteurs suivants :

1° L'apport social ou capital, comprenant les comptes actions ou obligations, les réserves, l'amortissement: il est immuable entre deux inventaires ;

2° Les valeurs de l'industriel, ou ses moyens d'action, d'où doit découler le prix de revient.

Ces valeurs doivent conserver leur prix de revient, tant qu'elles ne passent pas dans des mains étrangères à la suite d'un débat on d'une transaction.

3° Les comptes des tiers ou clientèle, découlant des transactions de toute nature au prix de vente.

Ces comptes doivent être tenus constamment d'accord avec ceux des clients intéressés.

4° L'inconnue à dégager des comptes formant les divisions 2e et 3e, ou profits et pertes, succursale transitoire du capital.

Nous renvoyons sur tout cela à notre travail spécial, que nous n'avons pu que résumer ici.

84. — NÉCESSITÉ D'UNE COMPTABILITÉ BIEN FAITE.

Généralement on se contente de ne dégager l'inconnue, profits et pertes, qu'une fois par année, au moyen de la comparaison de l'inventaire précédent avec le dernier inventaire fait; mais nous regardons comme une mauvaise mesure de procéder ainsi. Pourrait-on soutenir qu'un industriel a un avantage quelconque à ne connaître sa situation qu'une fois par an ? Dans certaines circonstances, c'est s'exposer à périr sans le savoir. Nous n'ignorons pas que des écritures méthodiques et claires exigent plus de travail, et partant plus de frais que des écritures tenues sans méthode, et destinées simplement à inscrire les mouvements de valeur avec les tiers; mais ce surplus de dépense ne peut être mis en comparaison avec la sécurité qu'apportent à l'industriel des écritures bien faites.

Malheureusement, il y a peu d'employés qui soient en état de bien organiser une comptabilité industrielle. La science technologique a fait des progrès considérables, et il se forme chaque jour des hommes habiles dans toutes les opérations de l'industrie; mais la science de l'ordre n'existe pour ainsi dire pas encore. Aussi, nous engageons sérieusement les industriels à étudier eux-mêmes cette science, pour obliger les employés à se rendre compte de ce qu'ils font, et les forcer à raisonner les opérations de l'industrie dont ils tiennent les livres.

85. — EXPLICATIONS SUR LA NATURE DES COMPTES DE L'APPORT SOCIAL ET SUR CELLE DES COMPTES COURANTS.

Revenons à nos éléments de comptabilité. Les deux classes de comptes, « Apport social » et « Comptes courants, » seront comprises par tous les comptables qui auront acquis un peu d'expérience ; mais les comptes de la seconde division, « Moyens d'action, » et ceux de la quatrième, « Exploitation, » ont besoin d'être expliqués.

86. — COMPTES DES VALEURS D'ÉCHANGE. MOYEN D'ACTION.

Dans certaines industries, la banque par exemple, les moyens sont simples. On a un local pour l'établissement. Les valeurs d'échange sous le titre de caisse et de portefeuille actif; les engagements à payer sont les seuls comptes qui jouent comme mouvements industriels. Leur action est directe dans les transactions avec la clientèle.

87. — COMPTES DES AUTRES VALEURS. MOYEN D'ACTION.

Dans l'industrie proprement dite, ces comptes de valeurs sont compliqués de comptes de magasin et de fabrication ; les derniers, comprenant des dépenses de matière, de main-d'œuvre et de frais généraux, doivent jouer de plus avec des comptes de produits intermédiaires à divers états d'avancement. L'industriel doit connaître ces mouvements divers de son capital ; il doit même les suivre avec un soin plus minutieux que ceux des comptes courants ouverts aux tiers formant la clientèle, parce que les soldes de ces derniers sont toujours débattus avec des intéressés. Il devra donc surveiller l'organisation des comptes des moyens d'action et diriger le comptable, si ce dernier, ne connaissant pas l'industrie, se trouve dans l'impossibilité d'en formuler les opérations dans les écritures.

Les divers comptes de moyens d'action ont des raisons d'être différentes que l'on peut désigner par le simple énoncé de ce qu'ils représentent :

1° Le matériel de l'industrie, comprenant les comptes immeubles, outillage, mobilier ;

2° Les valeurs d'échange, argent et papier de toute sorte ;

3° Les matières premières de l'industrie en magasin d'approvisionnement ;

4° Les fabrications en cours dans leur état particulier d'avancement ;

5° La valeur des matières ou des objets destinés à la vente ;

6° Enfin, les comptes d'ordre servant à régulariser le jeu des autres.

88. — MANIÈRE DE TENIR LES COMPTES DE MATÉRIEL.

Les comptes de matériel servent à faire connaître le prix d'achat ou de revient de l'immeuble, de l'outillage ou du mobilier. Nous conseillons de les laisser immuables. Les amortissements annuels que tout industriel intelligent doit faire sur ces comptes devraient figurer à un compte ouvert à cet effet, sous le titre de « Amortissement de l'immeuble et du matériel. » Il ne faudrait porter en augmentation de valeur que les adjonctions, les améliorations augmentant effectivement la production. Tout le reste : réparations, embellissements, entretien, etc., doit-être considéré comme dépenses tombant au compte des frais généraux.

89. — MANIÈRE DE TENIR LES COMPTES DES VALEURS D'ÉCHANGE.
(Monnaies et Papier.)

Les comptes d'échange sont de simples comptes de magasin. Leur solde doit toujours être représenté par des espèces ou par des titres gardant toujours leur valeur d'entrée dans les écritures.

90. — MANIÈRE DE TENIR LES COMPTES DE MAGASIN.

Les matières premières dans les magasins d'approvisionnement, de même que l'argent et les valeurs dans la caisse ou dans le portefeuille, doivent être représentées par des comptes dont le solde indique l'existant au prix coûtant. La matière première du travail représente, par sa valeur d'achat, une somme d'argent qui figurerait comme valeur en caisse, si l'industriel n'avait pas sorti cet argent à la suite de l'achat. Quant au magasin des produits à vendre, il convient de remarquer qu'il doit, comme les comptes de magasin simple, être débité des objets fabriqués au prix de revient, et crédité à la sortie et au même prix de la valeur desdits objets. C'est un compte de la 4e division, « Exploitation, » qui doit être chargé des objets vendus au prix de revient, et crédité au prix de vente des mêmes objets vendus par le débit de l'acheteur.

91. — MANIÈRE DE TENIR LES COMPTES DE FABRICATION.
(Prix de revient et prix de magasin.)

Quant aux comptes de fabrication des matières de même nature, il est facile de concevoir qu'ils doivent être ouverts à chacun des états d'avancement du travail correspondant à un emmagasinement. Une matière à un premier état de fabrication comprend dans son prix :

1° La matière brute employée ;

2° La main-d'œuvre dépensée ;

3° Une somme proportionnelle des frais généraux de l'industriel.

La matière dans ce premier état entrant dans un magasin spécial, on doit débiter ce magasin des quantités fabriquées pendant 8 jours, 15 jours ou un mois et qui y ont été déposées. Mais ces quantités, pour leur valeur propre, viennent faire corps avec des existants antérieurs à leur prix particulier. Il en résulte un prix moyen qui doit être porté sur les quantités sorties pour de nouvelles transformations. Le compte d'une fabrication préparatoire donnant le prix du revient, doit être complété par un compte d'emmagasinement donnant le prix moyen du produit à terminer. Chaque transformation de la matière emmagasinée doit donc être expliquée par deux comptes (Chapitre x, art. 40) :

1° Un compte de revient.

2° Un compte spécial d'emmagasinement ;

Les valeurs emmagasinées faisant partie des moyens d'action que possède un industriel doivent porter leur prix de revient moyen, et toutes les écritures doivent être organisées en vue de ce résultat.

Dans les industries où la matière subit de nombreuses évolutions, il se trouve presque toujours un moment où la rotation à travers les ateliers amène cette matière à un état de repos pendant lequel elle peut être massée en quantités appréciables. Si ces quantités ne se réunissent pas à d'autres semblables, il suffit d'en noter le nombre et le poids sur des bulletins destinés à faire connaître les divers mouvements de l'usine ; on peut se passer d'en tenir un compte d'emmagasinement dans les écritures, puisqu'elles portent leur prix de revient spécial. Mais si ces quantités sont déposées et peuvent se trouver réunies à des quantités antérieures, également chargées de leur revient, on comprend la nécessité d'un compte de prix moyen.

D'une part, les magasins livrent au compte de fabrication la valeur des objets ou des matières à leur prix de revient ; la caisse solde la main-d'œuvre au même compte ; et enfin, les frais généraux le chargent par une moyenne proportionnelle bien étudiée. Il s'ensuit que le débit des fabrications représente le prix du produit entrant au dépôt ou au magasin spécial.

D'autre part, ce magasin spécial, déjà chargé de la valeur d'objets semblables emmagasinés à une autre époque, recevant à sa valeur propre un nouvel objet produit, doit englober dans ses chiffres la valeur totale des matières ou des objets semblables qui lui sont confiés. C'est en divisant le total valeur par le total nombre que l'on obtient le prix définitif qui doit être appliqué, mois par mois, à ceux de ces objets de même espèce ou à celles de ces matières de même nature qui sont reprises par les ateliers pour de nouvelles fabrications, ou bien sorties définitivement pour la vente.

Si à un moment donné, à une fin de mois par exemple, le magasin se trouve vide, la valeur dont il était chargé doit se trouver soldée.

Qu'on ne croie pas que l'importance que nous attachons à ces explications soit exagérée : depuis trente années que nous suivons les opérations de l'industrie, nous avons toujours reconnu que tous les malentendus, toutes les erreurs de calcul, souvent les chutes, proviennent du manque d'attention dans l'application des règles relatives au prix de revient. Nous pouvons de plus déclarer que, quel que soit le travail, quelles que soient les combinaisons par lesquelles une industrie doit passer pour transformer la matière en produit de vente, nous avons toujours pu plier la comptabilité à suivre et à enregistrer les manipulations par lesquelles le travail fait passer la matière pour l'approprier aux besoins du marché. Nous avons toujours pu lui faire donner le prix de revient à mettre en regard du prix de vente, et par conséquent faire connaître le résultat journalier des opérations.

La nécessité en industrie de tenir un compte exact, et à l'heure où ils se produisent, de tous les mouvements intérieurs d'une affaire, nous paraît absolue, et nous ne pouvons qu'engager les industriels à s'y conformer. Leur sécurité est à ce prix.

Cependant, il est des circonstances où les quantités en mouvement peuvent représenter des valeurs peu élevées ou sans variation. Dans ce cas, on pourrait déroger au principe que nous venons d'exposer sans grand danger, mais sous la réserve que ces valeurs, étant une fois bien définies, doivent être représentées par un compte au grand-livre, afin qu'elles interviennent pour leur importance dans le bilan qui doit mensuellement ressortir de la situation de ce livre. On comprend qu'alors l'industriel devra se rendre compte des différences qui pourraient se produire dans leur composition et modifier, en passant, les résultats des écritures.

92. — MANIÈRE DE TENIR LES COMPTES D'ORDRE.

Les comptes d'ordre ont surtout pour but de régulariser dès mouvements dont les dates ne coïncident pas. Nous allons en citer un exemple.

Les dépenses de frais généraux ne se font jamais d'une manière régulière : l'impôt se paye en une seule fois, de même que l'assurance ; une réparation un peu forte et qui doit frapper sur une année, tombe inopinément en dépense. On fausserait les calculs en passant ces frais au moment où ils se produisent au compte des fabrications. Il vaut donc mieux les estimer *à priori*, les forcer même et les appliquer chaque mois régulièrement par un coefficient basé sur ces chiffres. Le compte crédité proportionnelement de ces frais, par imputation aux travaux, et débité d'une manière accidentelle par le payement, complète par son solde le bilan mensuel donné par les écritures. La dépense de main-d'œuvre se trouve souvent dans le cas de devoir être aussi régularisé par un compte d'ordre. Il nous suffit d'avoir fait saisir ce que nous entendons par ces mots.

93. — MANIÈRE DE TENIR LES COMPTES D'EXPLOITATION.

Après les comptes des moyens d'action, nous avons à expliquer la nature des comptes d'exploitation et, en première ligne, nous trouvons le compte des ventes.

Ainsi que nous venons de le voir article 95, lorsque le

magasin de vente a livré un objet ou une matière à un client, on sort du compte qui le représente l'objet vendu ou la matière livrée au prix moyen de magasin, et on en porte la valeur à celui de vente. On crédite le même compte par le débit du client au prix de vente. Ce compte doit donc réunir les différences entre ces deux prix, et le solde du compte de vente représentera l'inconnue qui doit être dégagée des transactions journalières, ou le résultat profits et pertes. L'industriel peut, en outre, avoir des comptes de rentrées spéciales : vente de déchets ou d'objets en dehors des produits de l'industrie ; des comptes de commissions, primes, redressements, etc.

Les comptables ont encore aujourd'hui l'habitude de laisser au compte du magasin de vente, que l'on désigne sous le nom de « Marchandises Générales, » toutes les différences entre le prix de revient et le prix de vente, ainsi que tous les redressements, réductions, etc. ; il s'ensuit que la balance de ce compte n'indique plus l'existant réel en magasin. Un négociant ne peut alors se rendre raison de ses affaires que lorsqu'un inventaire nouveau à remis les valeurs de son magasin à leur prix réel de revient. C'est une marche vicieuse, que nous recommandons d'éviter.

94. — L'INDUSTRIEL DOIT ORDONNER LUI-MÊME SA COMPTABILITÉ.

La science de la comptabilité a pour but d'indiquer la marche à suivre pour inscrire toutes les évolutions d'une industrie dans des comptes appropriés, et pour donner par le jeu de ces comptes l'état de la matière à tous ses degrés de fabrication. Elle doit de plus faire connaître le prix définitif des objets livrés au magasin de vente.

La comptabilité doit encore faire ressortir des écritures le mouvement de toutes les valeurs d'échange qui servent aux opérations, et tenir le compte exact de la clientèle.

Un industriel doit, nous le répétons, pouvoir discuter avec le teneur de livres l'organisation de ses écritures, et il doit débuter par indiquer le titre et régler le jeu des comptes à ouvrir à son grand-livre. Si ce travail originaire est bien entendu, la balance du grand-livre formera un bilan mensuel complet, et l'industriel en tirera une utilité incontestable.

95. — MARCHE PRATIQUE DE LA COMPTABILITÉ.

Après avoir ainsi tracé les règles principales de la comptabilité industrielle, nous allons en indiquer la marche pratique.

Livres de détail.

On peut avoir, suivant l'importance des affaires, un livre de détail, soit pour un compte, soit pour une série de comptes. Par exemple, la caisse doit être tenue sur un registre spécial, et chaque mouvement, entrée ou sortie des fonds, doit y être écrit au moment où il se produit. Il en est de même du portefeuille actif et du livre des engagements. Le magasin, quand il s'agit d'une seule matière, à besoin d'un seul registre, dans le genre du livre de caisse. Mais si c'est un magasin d'approvisionnement d'objets de toute sorte, ce registre devient un journal et doit être complété par un second, sous forme de grand-livre, ayant un compte ouvert à chaque espèce d'objet. Le premier livre, ou le journal, indique les entrées et les sorties du magasin dans leur ensemble; le second donne la situation de chaque objet emmagasiné.

Les comptes de fabrication ou de travaux sont tenus sur des espèces de grands-livres divisés intérieurement par des colonnes donnant l'indication des mouvements spéciaux de l'opération. La forme particulière de ces livres nécessite l'intervention des agents qui exécutent les opérations techniques.

Tous les livres de détail doivent être tenus au jour le jour, et l'employé qui en est chargé être responsable des retards d'écritures.

Les comptes avec la clientèle sont également développés sur des livres réglés d'habitude sous la forme du compte courant. Les sommes qui composent ces derniers comptes doivent être relevées chaque jour sur les autres livres de détail représentant les comptes personnels, tels que caisse, portefeuille, engagements, magasin d'achat ou de vente. Mais comme on ne peut trouver sur ces livres les sommes provenant de transactions spéciales, telles que commissions, intérêts et escomptes, redressements, virements. etc., il convient d'avoir un registre à part destiné à inscrire ces sortes de mouvements, lequel sera tenu au jour le jour, et reporté comme les autres sur les livres de la clientèle.

Journal général et Grand-Livre.

A certaines époques, chaque semaine, chaque dizaine, chaque quinzaine ou chaque mois, le comptable prend ces livres et en passe une écriture au journal général et au grand-livre, suivant les formules d'usage dans la tenue des livres en partie double.

Il nous reste à parler de la comptabilité administrative.

CHAPITRE XIX.

Comptabilité administrative.

---

96. — ÉCRITURES RELATIVES A L'INDUSTRIE.

Sous le titre de comptabilité administrative, nous entendons toutes les écritures que l'industriel doit faire pour l'ordre intérieur de sa maison, pour le contrôle de ses mouvements, et enfin pour les travaux préparatoires de la comptabilité elle-même. Ces écritures n'ont dans la plupart des cas qu'un rapport indirect avec le mouvement des valeurs d'échange, et comme la forme en est toute facultative, nous donnons seulement les titres des livres ou des modèles, dont la réglure reste tout entière à l'appréciation des industriels.

Ces livres ou ces modèles sont spéciaux au mouvement qu'ils doivent enregistrer. Ils ne peuvent avoir d'autre destination.

Nous les classons dans l'ordre indiqué ci-dessous :

1° Ordre intérieur.

2° Contrôle du mouvement.

3° Travaux préparatoires de la comptabilité.

Nous donnons le titre explicatif des livres qui peuvent être utilisés d'après cette classification.

97. — ÉCRITURES D'ORDRE INTÉRIEUR.

Livre spécial des affaires. — Ce livre devrait être le répertoire de tout ce qui se traite. Il pourrait être divisé en deux parties : 1° Une pour inscrire, à leur date et avec des détails suffisants, tous les faits qui se produisent, avec annotations indiquant la classification des documents originaux des affaires traitées. 2° Une autre classant les affaires par ordre alphabétique, soit de noms propres, soit d'objets.

Un livre d'entrée des documents, correspondance reçue ou autres pièces, qui pourraient être numérotées à partir de 1, ce qui permettrait d'en former des archives méthodiques. Quelques personnes relient la correspondance reçue en un volume répertorié.

Des livres de copie des lettres écrites. — Dans certaines banques, on facilite le travail de la copie des lettres par une impression sur feuilles détachées que l'on relie ensuite en volume répertorié.

Un livre pour les ordres au personnel.

Un livre à souche, pour les bons de payements à faire par la caisse, principalement pour les dépenses de frais généraux.

Livre de traités et conventions, avec répertoire alphabétique de noms propres.

98. — CONTRÔLE DES MOUVEMENTS.

Livre du personnel, ou livre matricule, sur le modèle ordonné par la loi.

Bulletins à souche d'entrée et de sortie, de taxe et de détaxe des ouvriers.

Livre de commandes à l'extérieur. — Ce livre doit être à souche. Il peut aussi être organisé pour garder l'empreinte des commandes.

Livre d'ordre de livraison, par les magasins aux ateliers, de matières premières destinées aux travaux.

99. — OPÉRATIONS PRÉPARATOIRES DE LA COMPTABILITÉ.

Les livres de la comptabilité originaire ou préparatoire sont relatifs aux opérations de l'industrie elle-même, et ont plusieurs buts à atteindre. Ils doivent suivre et contrôler les opérations des magasins, ils doivent donner les comptes des ouvriers et ceux des travaux ; enfin, ils doivent expliquer l'opération technique par des comptes faisant connaître la consommation de la matière et sa reproduction sous une autre forme.

Les opérations relatives aux magasins doivent être écrites sur les modèles suivants :

Livre des factures d'achat, sur lequel est copiée la facture du fournisseur. Quelques personnes se contentent d'inscrire le nom et la demeure du fournisseur, la date et le montant de la facture, et de relier les factures elles-mêmes en un volume répertorié.

Livre à souche de demande pour l'employé qui doit utiliser la matière.

Livre à souche des livraisons du magasin de vente pour la rédaction de la facture.

Situations mensuelles des magasins.

Les opérations relatives à la main-d'œuvre sont écrites sur le modèle suivant :

Livre de notation du travail de l'ouvrier ou pointage journalier. Le travail, dans certaines industries, doit être relevé sous deux formes :

1° Une réglure indiquant le nombre de jours ou d'heures composant le compte de l'ouvrier sous forme de feuille de paye.

2° Une réglure donnant le nombre d'heures employées à chaque travail fait par l'ouvrier, ou feuille de travaux.

Souvent le pointage collectif du temps par atelier suffit pour former la feuille de paye et celle des travaux, parce que les ouvriers font toujours les mêmes mouvements.

Les modèles relatifs à l'inscription des opérations techniques doivent être dressés en vue de suivre l'opération elle-même, et nous ne pouvons donner ici que des indications générales sur la manière de les tracer.

Ils doivent indiquer l'objet de la fabrication, l'outil, la machine qui exécute ou le foyer dans lequel s'accomplit l'opération, le nombre d'heures ou de jours de sa durée, la date exacte du commencement et de la fin, le nom du chef ouvrier responsable.

Ils doivent, de plus, à titre de contrôle : 1° indiquer les quantités de la matière prise en magasin et mise en œuvre, les restants antérieurs et postérieurs dans l'atelier, le net utilisé : 2° donner les heures de travail des ouvriers employés au produit ; 3° enfin désigner le produit net envoyé au magasin.

Ils doivent enfin indiquer les résultats statistiques de l'opération, en comparant les quantités dépensées relativement au produit net, et quelquefois les résultats avec les travaux antérieurs.

Nous ne poussons pas plus loin ces études, parce qu'elles nous entraîneraient dans trop de détails. Nous ne pourrions, du reste, que répéter ce que nous avons écrit dans notre grand ouvrage sur cette spécialité.

CHAPITRE XX.

Comptabilité. — Règles du bilan.

---

100. — L'EXÉCUTION DU BILAN EST UNE OPÉRATION DÉLICATE.

Un inventaire ou Bilan est une des principales opérations de la comptabilité. C'est en même temps une des plus délicates, en ce sens que les malentendus qui peuvent y être commis deviennent souvent une source de ruine. Un bilan indiquant un bénéfice faux conduit à des illusions funestes, et malheureusement les erreurs que l'on commet en le dressant sont en général faites dans le sens du bénéfice, par suite des préoccupations qui poussent l'industriel à prouver des gains.

101. — RÉSULTAT D'UNE ERREUR DE BILAN.

Pour l'industriel qui agit sur ses propres fonds, une

erreur est moins dangereuse que pour une association qui distribue un dividende à ses actionnaires, parce que le dividende payé ne peut être pris que sur le capital, dont il diminue l'importance.

102. — ON DOIT S'EFFORCER D'ÊTRE VRAI DANS UN BILAN.

En principe, on doit s'efforcer d'apporter la plus scrupuleuse exactitude et les plus consciencieuses recherches de la vérité dans les éléments qui concourent à former la situation générale que l'on appelle un bilan. Voici quelques règles à ce sujet.

103. — BASE DU BILAN.

Il y a, ainsi que nous l'avons expliqué (art. 83), deux divisions de valeurs dans toute affaire industrielle ou commerciale. L'une, qui sert de base aux prix de revient de l'entreprise, est composée de tous les comptes personnels de l'industriel et représente ses propres valeurs. L'autre qui forme l'importance de ses relations extérieures et qui représente le prix de vente. Ces dernières valeurs sont de deux sortes, actives ou à recouvrer, passives ou à payer. Il est clair que, si l'on ajoute aux valeurs que possède l'industriel la partie débitrice ou à recevoir des comptes de la clientèle, on forme un total dont il ne reste plus qu'à déduire les comptes créditeurs, ou les sommes à payer par l'industriel, pour trouver le chiffre de son capital. Ainsi, si le montant des valeurs qu'il possède, réuni au chiffre de ce qui lui est dû, forme un total inférieur au total des comptes de la clientèle à qui l'industriel doit, la situation indique un manque absolu de capital. Au contraire, le capital sera d'autant plus fort que la différence en plus des deux totaux à mettre en regard sera du côté des moyens d'action de l'industriel et des sommes qui lui sont dues par la clientèle.

104. — COMPLICATION DES BILANS INDUSTRIELS RÉSULTANT DES VALEURS DE REVIENT ET DES VALEURS AUX COURS.

Dans les industries simples, comme la banque, les valeurs possédées par le banquier étant des espèces ou des valeurs de commerce, l'estimation en est facile, puisque la valeur de la monnaie est invariable et que l'effet de commerce garanti est toujours la représentation d'une somme de monnaie. Mais dans la grande industrie, qui doit posséder des immeubles, des outillages, des approvisionnements et des travaux en cours d'une valeur considérable, on comprend que la question prenne de la gravité. Une erreur dans l'estimation du prix de ces valeurs influence d'une somme égale le résultat de l'inventaire. Aussi nous élevons-

13

nous contre l'industriel qui fait l'inventaire de ses valeurs par estimation, au lieu de leur appliquer régulièrement le prix de revient. Ce dernier prix peut et doit seul être donné aux valeurs personnelles de l'industriel. Nous avons prouvé dans notre *Traité de Comptabilité*, chapitre XIII, que le prix du cours public des matières ne peut être appliqué aux valeurs que l'industriel a dû réunir pour son industrie ; nous ne reviendrons sur ce sujet que pour ajouter que les matières achetées représentent une somme dépensée, laquelle serait en caisse, en espèces, si l'action d'acheter et d'emmagasiner n'avait pas eu lieu. Si la valeur de la matière, au lieu d'être payée, était encore en caisse au moment de l'inventaire, il est évident que cet argent ne changerait pas sa valeur intrinsèque pour une valeur conventionnelle d'estimation.

Mais on se demande si la matière existant à la date de l'inventaire, ayant une valeur de cours moins elevée que son prix d'achat, on ne pourrait pas fausser l'inventaire en lui appliquant ce dernier prix ? D'abord, il est toujours possible d'expliquer les différences de ce genre, et au besoin de les inscrire dans des comptes régulateurs d'ordre. Ensuite, le danger signalé plus haut n'a plus de raison de se produire en fait, si l'on ne suit, pour déterminer un bénéfice, que l'ordre logique, lequel exige que ce bénéfice ne se tire que par la comparaison du prix de vente au prix de revient des objets vendus et livrés, sur des opérations effectuées, et après débat avec la clientèle.

Le prix de revient doit donc être la base de l'inventaire industriel.

105. — MANIÈRE DE DRESSER UN BILAN. — RÉCOLEMENTS.

Voici la manière de procéder pour l'exécution d'un bilan régulier.

Le jour fixé pour l'opération, il faut récoler, puis relever sur un état le détail des immeubles, des outillages que l'industriel possède à cette date, et leur appliquer le prix qu'ils ont réellement coûté, c'est-à-dire tout ce qui est payé ou passé au débit de leur compte par le crédit d'un client. Il faut ensuite relever de la même manière : 1° les approvisionnements de toute sorte existant à cette même date, soit dans les magasins, soit à pied-d'œuvre; 2° les objets ou les matières existant dans les magasins de vente ou de dépôt, et appliquer à tout le prix de revient exact. Il faut compter les espèces et les détailler sur une feuille. On inventorie de même les valeurs de portefeuille ou autres.

L'industriel veille à l'exécution de ces travaux importants, qui doivent être faits par chaque employé spécial, lequel doit fournir l'état détaillé et signé des objets qu'il a sous sa garde.

Ces états réunis, datés et signés, doivent être remis au chef de comptabilité, qui s'est mis par avance, et en prévision de l'inventaire, d'accord avec les comptes de tous les clients.

106. — SOLDE DES ÉCRITURES.

Lorsque les écritures sont prêtes, le chef de comptabilité, qui a fait la balance préparatoire de son Grand-Livre, compare les valeurs portées sur les états de récolement avec le solde des comptes du Grand-Livre, et passe écriture des différences s'il en existe, c'est-à-dire qu'il met les soldes de son Grand-Livre d'accord avec l'état des valeurs récolées, en donnant dans le texte du journal la raison des différences.

Après ce travail, le comptable fait une nouvelle balance de son Grand-Livre, qui donne la situation définitive de l'affaire à une date fixe.

Nous ne parlons ici ni de la manière de régler les amortissements, les intérêts, ni de celle d'ouvrir et de fermer les écritures. Nous ne pouvons refaire ici le travail que nous avons fait dans notre ouvrage spécial, auquel nous devons encore renvoyer le lecteur pour les détails.

CHAPITRE XXI.

Étude première des conditions où se trouve une industrie.

---

107. — ÉTUDE PREMIÈRE.

L'étude première joue un rôle de la plus grande importance dans l'organisation des entreprises industrielles. Il est nécesaire d'examiner en détail toutes les conditions dans lesquelles doit se trouver placée l'affaire qu'il s'agit de créer. Ces conditions sont d'abord celles auxquelles l'industrie se trouve assujettie par rapport à la matière première, à la main-d'œuvre et à la concurrence. Ce sont ensuite celles du travail technique de l'industrie.

108. — CONDITIONS SPÉCIALES DE L'INDUSTRIE A EXAMINER.

Les conditions de l'industrie qu'il s'agit d'étudier se rapportent à la nature même de la production que cette industrie a en vue. Est-ce une industrie ancienne? S'agit-il d'un produit déjà connu que l'on a l'intention de fabriquer? Est-ce une fabrication nouvelle que l'on veut organiser?

109. — INDUSTRIE ANCIENNE.

S'il s'agit d'une industrie déjà connue, il est évident qu'une augmentation de produit doit se combiner avec une augmentation de débouchés, ou bien avec une diminution de prix de ce produit. Dans cette dernière hypothèse, il faut que l'industriel ait trouvé de nouveaux procédés, ou que, par une organisation meilleure que celle de ses concurrents, il arrive à les primer sur le marché. C'est suivant nous une condition fâcheuse pour le début d'une industrie, car elle doit ruiner l'industriel qui occupait la place ou bien celui qui cherche à se mettre dans une position déjà occupée, si ses procédés nouveaux ne répondent pas à son attente.

Supposons que l'industriel qui élève une nouvelle usine doive lutter avec des concurrents déjà installés, en se créant des débouchés. Il devra s'informer si l'industrie en question a déjà produit des ruines, et se rendre compte des causes qui ont pu les amener ; il devra juger ces causes de sang-froid et apprécier sainement si elles viennent de l'industriel lui-même, à la suite d'incapacité, de manque d'ordre, de vices cachés ; si elles ont leur point de départ dans l'organisation du capital ; ou bien si les conditions de l'industrie elle-même sont telles qu'elles ne permettent pas d'obtenir un prix de revient rémunérateur.

Il devra aussi examiner si, dans le lieu qu'il choisit, la découverte de nouvelles matières premières, l'ouverture d'une voie de communication qui serait en faveur des concurrents voisins, ou toute autre cause, ne laissera pas l'avantage aux anciens producteurs.

On conçoit qu'une étude préliminaire de ce genre, bien dirigée, peut influencer les décisions de l'industriel et peut-être même le faire revenir sur une première idée.

110. — INDUSTRIE NOUVELLE.

S'il s'agit d'un produit nouveau, résultant de la découverte d'agents mécaniques perfectionnés ou de matières inconnues, l'étude première n'est pas moins difficile ni moins minutieuse à faire. Il y a lieu de voir, si l'entreprise a pour but l'exploitation d'un brevet ou d'un privilége quelconque, l'influence que peut avoir l'acquisition de ce brevet ou l'obtention de ce privilége sur le revient. En outre, on se trouve dans la nécessité d'étudier le prix d'un produit nouveau, non sur des faits acquis et connus, mais sur des devis d'inventeur qui, presque toujours, ont le malheur de laisser planer un imprévu considérable sur les calculs.

Le produit nouveau a-t-il un similaire, dans ce cas, il faut penser à la lutte de ce similaire sur le marché. S'il est sans similaire, on doit prévoir les sacrifices qu'il faudra faire pour le faire entrer dans les habitudes de la consommation. Ces sacrifices rebutent souvent les inventeurs, et l'affaire tombe faute de persévérance. Qu'arrive-t-il en effet? On charge le prix de revient de lourdes acquisitions de brevets, et ces frais élèvent le prix du produit qui doit lutter pour se faire accepter sur le marché, et en empêchent la vente malgré les avantages que peut procurer la consommation.

Ce ne peut être qu'après l'amortissement de ces frais que le produit prend faveur, parce que le prix réduit le met alors à la portée de l'acheteur.

111. — INDUSTRIE IMPORTÉE.

Si la matière ou l'objet que l'on a en vue de produire n'est pas une industrie du pays où l'on veut en fixer l'établissement, il convient de voir si les constructions d'usines ne reviendront pas à un prix plus élevé que celles des lieux où existe une industrie similiaire et concurrente. Comment arriveront les matières premières dans la contrée? A quel prix? Trouvera-t-on des ouvriers capables et en nombre suffisant dans le rayon d'action de l'usine? Il faut examiner toutes ces questions sérieusement, et surtout sans parti pris. S'il y a désavantage pour quelques-unes, il faut que les frais qui en résultent soient compensés par des avantages équivalents, soit de rapprochement des matières premières, soit de débouchés pour la vente.

112. — INFLUENCE DU RAPPROCHEMENT DE LA MATIÈRE PREMIÈRE.

On conçoit qu'une usine placée sur les lieux où l'on produit la matière première de l'industrie et où l'on trouve des ouvriers habiles ait un avantage sur celle qui n'a pour elle que le rapprochement du marché. Dans les industries chimiques, par exemple, un objet fini pèse moins que les matières qui ont servi a le former. Dans l'industrie métallurgique, mille kilogrammes de fer ont été formés par des consommations de matières qui ont nécessité souvent quatre fois ce poids de minerai et de combustible; il vaut donc mieux avoir à transporter le produit à vendre que les matières premières. Le rapprochement des bassins houillers des industries qui ont besoin de combustibles est, du reste, un fait qui peut être observé par tout le monde et qui vient à l'appui de notre manière de voir.

113. — INFLUENCE DU RAPPROCHEMENT D'UN CENTRE OUVRIER.

L'existence d'un centre de population ouvrière habile produit, dans certains cas, un effet analogue à celui qui rapproche les industries d'un bassin houiller. Une fabrication d'horlogerie trouvera plus facilement à s'élever dans les environs de Genève que dans une partie de la France où n'existent pas d'ouvriers spéciaux. Dans ce genre d'industrie, la matière est peu de chose relativement à la main-d'œuvre, qui est considérable.

Les industries de luxe, d'ameublement et de fantaisie artistique, réussiront mieux à Paris qu'ailleurs, parce que les ouvriers de goût y sont en nombre et que, de la communication des idées en cours, naissent des combinaisons et des formes nouvelles.

114. — NATURE DE L'INDUSTRIE A CRÉER.

Dans un ordre d'idées différent, il convient de bien examiner, dans l'organisation des affaires, quelle est la nature de l'industrie dont on veut faire le but d'une entreprise. Dans notre étude sur les diverses sortes d'industries, nous avons reconnu que nous pouvions les classer ainsi :

Industrie individuelle.

Industrie en association d'efforts.

Grande industrie en association des capitaux et des aptitudes scientifiques.

Dans notre chapitre sur le prix de revient, nous avons vu que nous devions admettre une nouvelle classification, peut-être plus importante pour le sujet qui nous occupe, c'est celle-ci :

1° Industrie dont le cours commercial n'influence que le prix de vente.

2° Industrie dont le cours commercial influence le prix de revient et le prix de vente.

C'est avec cette classification en vue que nous pouvons essayer de résoudre le problème de l'organisation première des affaires.

115. — INFLUENCE DE LA NATURE DE L'INDUSTRIE SUR LA FORME DES ASSOCIATIONS.

La première espèce d'industrie, celle dont le cours commercial n'influence que le prix de vente, convient mieux que la seconde aux grandes associations ; celle dont les prix commerciaux influencent le prix de revient et le prix de vente, réussit plutôt par l'effort individuel que par le travail en commun. Il faut une habileté, une vigilance de tous les moments, pour acheter toujours au meilleur marché possible une matière sur laquelle il ne doit être fait qu'une somme proportionnellement peu élevée de travail, et pour revendre le produit au prix le plus élevé. La justesse de coup d'œil du négociant doit, dans ce cas, faire partie des qualités que posséde l'industriel. Ce talent tout individuel ne peut être utilisé par un comité, quelque bien composé qu'il soit, parce qu'alors on ne peut agir que par des décisions prises en commun. Si une délégation devient nécessaire, une moindre activité, un effort moins soutenu pour la réussite, en sont souvent la conséquence. Rien ne peut remplacer l'énergie et l'intelligence que l'individu déploie quand il s'agit de travailler pour lui-même, et de faire valoir son capital.

D'autre part, on doit reconnaître que la puissance

individuelle a des limites, et qu'un homme, quelque actif et quelque intelligent qu'il soit, ne peut embrasser qu'un certain horizon : nous voyons tous les jours de simples ouvriers devenir chefs d'un petit atelier et réussir dans leur entreprise. Ils ont un nombre restreint d'ouvriers, qu'ils surveillent tout en mettant la main à l'œuvre ; la femme et les enfants prennent part au travail commun : tout prospère. Mais si, enhardi par ce succès, le petit industriel développe son atelier et augmente sa production dans une mesure trop considérable, il arrive un moment où il se trouve dans la nécessité d'organiser administrativement son usine, en s'adjoignant un personnel de surveillants et d'employés. Mais ce mode de procéder compliqué dépassant ses moyens, le nouvel entrepreneur voit, malgré ses efforts, tomber la création à laquelle il avait consacré une fortune vaillamment acquise.

Il y a lieu de bien examiner ses forces avant d'organiser l'industrie qu'on veut créer, et c'est pour prémunir les industriels contre l'exagération de leurs entreprises que nous disons qu'il ne faut ni innover dans les moyens d'action, ni augmenter ces moyens sans avoir mûrement réfléchi aux conséquences qui peuvent résulter d'une organisation nouvelle ou d'une augmentation de matériel.

116. — CIRCONSTANCES OU L'ENTREPRISE DOIT PRENDRE LES FORMES DE LA GRANDE INDUSTRIE.

Lorsque l'entreprise nécessite une immobilisation considérable, un travail technique savant, des combinaisons nombreuses de la matière première, un personnel ouvrier de divers états, il est assez rare qu'une fortune particulière puisse en former le capital. C'est alors une association qui le fournit; et alors des formes administratives appropriées sont de rigueur.

Mais entre ces puissantes entreprises et la petite industrie individuelle, il existe une quantité d'affaires qui, bien que possédées par une seule personne, n'en nécessitent pas moins l'emploi d'une organisation administrative se rapprochant de celle de la grande industrie. Ce sont celles où la matière passe par des transformations successives dans des ateliers différents, et où l'introduction des machines entraîne à des dépenses qui doivent entrer dans le calcul des frais généraux.

117. — VALEURS DE ROULEMENT DANS LA GRANDE INDUSTRIE.

Il est une remarque à faire au sujet des industries dont le prix de revient n'est pas influencé d'une manière notable par les cours commerciaux. Ces entreprises sont le plus souvent dans la nécessité de faire par avance, à certaines époques, les approvisionnements qui doivent alimenter leurs travaux. Ainsi, le coton, lors de la récolte, est acheté par quantités considérables. La laine, vers le mois de juillet, est toute traitée pour les opérations de l'année. Le minerai de fer est extrait des mines à certaines époques, et d'après des conventions à longue échéance, etc. Ces matières, achetées et payées par avance, comme approvisionnement, sont travaillées pendant l'année, et augmentées des frais de production. Elles constituent l'objet de la vente, laquelle presque toujours donne lieu à des marchés fermes pour une saison. De là découle ce fait, que le capital de roulement ne se renouvelle, pour ainsi dire, qu'une fois par an, et que par suite il doit être relativement élevé. Le prix de revient doit être par conséquent calculé de façon à pouvoir payer l'intérêt commercial des avances jusqu'au jour de rentrée, parce que ces avances représentent une espèce d'immobilisation. Il devrait, en outre, comprendre des réserves contre les chances aléatoires.

118. — CAS OU LE ROULEMENT EST PEU ÉLEVÉ.

Au contraire, l'industrie dont le prix de transformation est peu élevé relativement au cours de la matière première, la raffinerie des sucres par exemple, peut produire des quantités considérables de sucre raffiné dans un temps très-court, et renouveler son capital trois ou quatre fois par an. Il s'ensuit que le capital peut être faible relativement au chiffre des quantités que l'industrie est en mesure de produire. C'est par ce côté que ce genre d'exploitation se rapproche du commerce proprement dit, où avec un capital restreint on remue des sommes considérables. La banque est le type le plus frappant de ce genre d'industrie, puisqu'avec un capital inférieur à 500,000 francs, on a vu des banquiers additionner des centaines de millions dans leurs livres. Ce fait explique le taux minime des transactions financières.

CHAPITRE XXII.

Conditions morales nécessaires en industrie.

---

119. — CONDITIONS D'UNE BONNE ORGANISATION DES AFFAIRES.

Après avoir exposé l'organisation matérielle des entreprises, il nous reste à parler des conditions d'un ordre plus élevé qui doivent concourir à la réussite des affaires. Les qualités que doit réunir celui qui est à la tête d'une affaire industrielle, pour la faire marcher et prospérer, sont de plusieurs sortes et se partagent en deux genres distincts. Ce sont celles de l'ordre moral et celles qui sont du ressort de l'intelligence.

120. — QUALITÉS MORALES.

Les qualités de l'ordre moral en affaires reposent

sur la valeur propre de l'individu et sur la position que ses principes lui ont assurée parmi les négociants et les industriels. L'honnêteté dans les relations, la fidélité à la parole donnée, l'exactitude à remplir des engagements pris et acceptés, la fermeté du caractère, la décision, l'esprit de justice absolu dans les rapports avec les ouvriers et enfin l'aménité dans ses relations avec les employés : telles sont les qualités que doit posséder l'industriel qui veut arriver à la réussite.

121. — INTELLIGENCE.

Les qualités de l'intelligence qui doivent compléter cet ensemble sont : le savoir, sans lequel rien n'est possible ; la méthode, qui est la logique appliquée aux faits ; l'ordre, qui en est la conséquence.

Nous savons très-bien que l'homme qui est assez complet pour réunir en lui les qualités si diverses que nous demandons pour l'industriel, réussirait dans toutes les conditions où la Providence aurait pu le placer ; mais ce que nous pouvons dire, c'est que l'homme qui se met à la tête d'une entreprise, et qui y consacre toute sa fortune et toute sa vie, a besoin de bien s'examiner avant de se décider à tenter les hasards des affaires et les luttes qui sont inhérentes aux opérations qu'il veut entreprendre ; que cet homme, qui possède l'énergie, la santé, la fortune, n'ait pas le sentiment de l'ordre et de l'économie, et il lui suffira de prendre un collaborateur inhabile ou ignorant pour se trouver dans le cas de perdre sa fortune et sa position.

122. — ORGANISATION ET ADMINISTRATION.

Dans l'organisation d'une affaire, l'industriel qui aura bien étudié, bien pesé les chances du débouché, les conditions de son prix de revient, et qui en aura conclu qu'il peut réaliser ses projets, doit débuter par organiser l'entreprise sous les deux formes qui représentent, d'une part la pensée, de l'autre l'action.

La pensée, c'est l'administration, et voici ce que dit à ce sujet M. Courcelle-Seneuil, dans son *Traité des entreprises commerciales et industrielles*.

« La marche logique à suivre dans la distribution « du travail est simple et uniforme. La fonction essen-« tielle de l'entrepreneur est de prévoir et de pourvoir, « de diriger, d'imprimer le mouvement à toutes les « parties de l'entreprise, en un mot, d'administrer. « Qu'il prenne donc en tout cas et d'abord l'admi-« nistration, et qu'il s'y tienne, s'il y trouve l'emploi « de toute son activité. Si, comme il arrive le plus « souvent, l'administration n'occupe pas tout son « temps, qu'il y ajoute telle fonction dans laquelle son

« travail pourra être le plus productif, comme la sur-
« veillance, la comptabilité dans les petites entre-
« prises ; et s'il lui reste encore du temps disponible,
« qu'il s'applique au travail du métier. Lorsque l'en-
« treprise grandit et que le chef doit s'employer à
« moins de choses, il doit suivre un ordre inverse pour
« réduire ses occupations, de manière à se réserver
« toujours et avant tout la direction supérieure, l'admi-
« nistration, la surveillance générale de l'entreprise.

« On ne saurait dire combien de grandes et moyennes
« entreprises pèchent par une mauvaise application du
« travail du chef, parce qu'il veut voir et contrôler
« tous les détails, et cherche toujours à tout faire par
« lui-même. Cette activité, dont le principe est loua-
« ble, est peu judicieuse : elle a forcément des inter-
« mittences qui nuisent souvent à l'expédition des
« affaires, et il est presque sans exemple que la direc-
« tion supérieure, l'administration, n'en souffre pas.
« Or, bien que, dans des entreprises industrielles, tout
« détail soit important, il existe entre l'importance de
« de ces détails des degrés et des différences. Tous
« ceux qui se rattachent à l'administration affectent
« l'ensemble des opérations, tandis que les autres n'en
« affectent qu'une partie. C'est donc aux premiers que
« le chef de maison doit s'appliquer personnellement :

« il doit avant tout pourvoir à la direction, à l'ad-
« ministration de l'entreprise : tout le reste est plus
« ou moins susceptible de délégation. »

L'action, c'est le travail technique, qui repose sur deux bases essentielles, l'emploi des machines et la direction du travail des hommes, autrement dit, la main-d'œuvre.

123. — ORDRE DANS LES MOUVEMENTS.

L'administration se lie d'une manière intime avec l'organisation de la comptabilité. Nous avons essayé de le démontrer dans le chapitre spécial que nous avons consacré à la comptabilité. Il faut qu'une administration soit suffisante et qu'elle soit bien entendue : d'abord pour éviter les rouages inutiles, ensuite pour porter la clarté et l'ordre sur tous les points importants. L'industriel doit agencer ses bureaux d'une manière assez intelligente pour voir d'un coup d'œil ce qui s'y passe et pour suivre ce qui se fait dans ses ateliers. Il doit organiser ses livres pour y lire à première vue les faits passés, la situation présente et les résultats acquis. Chaque compte doit donner naturellement le contrôle des autres. La sortie du magasin doit indiquer l'entrée dans l'atelier; la main-d'œuvre payée doit représenter le travail utilisé. La sortie du magasin de vente doit être reproduite au compte de vente, et ce compte lui-même, par son crédit, indiquer les factures fournies aux clients.

La discipline dans le personnel représente l'ordre dans les écritures, et l'entrepreneur doit veiller avec soin à cette partie de son administration.

124. — TRAVAIL TECHNIQUE.

L'organisation technique, qui a besoin d'être étudiée avec les hommes de métier, doit être faite de telle façon que les machines, sans fournir leur force maximum, donnent tout le travail compatible avec leur bon entretien et avec la moindre dépense possible. L'ordonnance générale des ateliers doit être simple et logique. On doit laisser partout l'espace nécessaire à la liberté des mouvements, et surtout permettre à la vue un facile accès sur le travail. Le four qui doit consommer la houille ne doit pas être éloigné du dépôt de cette matière. Le transport d'un objet d'un atelier à l'autre doit se faire rapidement et aux moindres frais possibles, en employant, soit des lignes de rails, soit des arrangements qui permettent aux moteurs d'en faire les frais. L'esprit doit être constamment en éveil. Il n'y a pas de petites économies en industrie, parce que les faits se reproduisent constamment. Il vaut mieux payer un employé de plus pour faire une comptabilité sérieuse que de laisser perdre chaque jour quelques minutes de travail utile à de nombreux ouvriers, ou laisser un moteur brûler inutilement le combustible. Un agencement intelligent, dans certains ateliers, suffit souvent pour déterminer une réussite.

Les conditions d'un roulement industriel convenable reposent sur la satisfaction prompte des exigences du travail. L'ouvrier ne peut pas attendre la matière première, elle doit lui arriver au moment voulu, sans encombrement. L'objet travaillé doit être repris, aussitôt que l'exige l'état de la confection, par des contremaîtres pouvant en apprécier la bonne exécution, afin de ne pas faire intervenir, dans des opérations suivantes, une matière de mauvaise qualité ou un objet mal venu.

125. — CONDITIONS D'UNE BONNE POSITION INDUSTRIELLE.

Une position industrielle honorable est toujours facile à acquérir, si elle est appuyée sur des combinaisons honnêtes et logiques du capital de l'affaire.

On voit souvent, on pourrait dire toujours, dans l'organisation des sociétés, des frais originaires grever le capital et charger les frais généraux par des amortissements annuels. Nous savons combien il est difficile d'éviter ces frais, qui se composent généralement d'impression de prospectus, de commissions de banque, de frais d'étude et de frais judiciaires, de timbre ou autres. On ne doit faire que le strict nécessaire. Il faut éviter de payer des indemnités ou des appointements d'administrateurs ou autres pour une industrie qui ne fonctionne pas encore, et dont l'avenir se trouve ainsi chargé. Ces frais primordiaux ont une influence considérable sur la réussite, et souvent indisposent les intéressés, qui les considèrent comme des exagérations coupables.

Si le capital est bien composé, il doit évidemment faire éviter à l'industriel les dangers de l'emprunt, parce que tout aura été prévu et combiné en conséquence. Le chiffre du roulement en valeurs disponibles restera constamment libre par des échéances sérieusement et convenablement prises. La combinaison des échéances est une des choses qu'un industriel intelligent doit suivre avec le plus d'attention, puisque les dates de rentrée et de sortie des valeurs, en prévision des éventualités commerciales, représentent l'habile répartition de ces valeurs, et que l'exactitude de l'échéance représente toujours l'honorabilité de la maison.

Les amortissements sévères et les réserves larges forment aussi une des causes de réussite dans les affaires. Pour l'industriel qui travaille pour lui-même, c'est la représentation de la différence entre ses bénéfices et ses besoins personnels, c'est-à-dire l'épargne, qui peut, à certains moments, permettre d'élargir les opérations ou de les faire à de meilleures conditions. Pour les sociétés par actions, le résultat est le même, puisqu'en ne distribuant que des dividendes raisonnables, on augmente la valeur réelle des titres par une augmentation de capital.

Les larges dividendes, sans réserves sérieuses, font monter la valeur nominale des actions et poussent au jeu de la bourse. En effet, si l'on distribue annuellement tout le bénéfice d'une affaire, moins toutefois les réserves exigées par la loi, lesqnelles sont dérisoires dans la plupart des cas, le dividende varie forcément suivant le bénéfice acquis, et la hausse ou la baisse des titres sociaux suit proportionnellement le chiffre distribué, ce qui ôte toute fixité aux actions et tout sérieux à l'affaire. On ne saurait trop éviter de se mêler des cours de la bourse, qui sont influencés de mille manières. L'actionnaire sérieux, du reste, n'a pas le moindre souci des variations de son titre quand il sait que l'affaire grossit régulièrement sa réserve.

Nous avons vu tomber de puissantes maisons, parce que les chefs avaient cru devoir chercher à soutenir des valeurs défaillantes au moyen du capital social.

Le meilleur moyen de soutenir ses valeurs, c'est l'emploi logique du capital; c'est l'organisation intelligente des affaires; c'est l'honnêteté dans les transactions; c'est le savoir, qui permet de tirer le meilleur parti des opérations.

126. — VALEURS AU COURS DE LA BOURSE.

Il ne faut pas qu'on croie que le prix de la bourse représente la situation réelle d'une affaire. Nous avons trouvé, dans une brochure publiée au sujet du Crédit mobilier, un article qui expose très-exactement ce fait. Le Crédit mobilier devait-il estimer dans ses inventaires les titres des entreprises qu'il avait patronnées au cours de la bourse?

« Les valeurs doivent, pour être justement capita-
« lisées, et être classées dans l'opinion des capitalis-
« tes, avoir atteint toute leur puissance, c'est-à-dire
« représenter des entreprises achevées, en pleine
« exploitation, et dont les produits sont parvenus à
« réaliser les espérances qui ont servi de base à leur
« constitution. La situation plus ou moins favorable
« du marché est encore un élément qui sert à élever

« ou à abaisser le niveau des valeurs mobilières sans « que la valeur effective y contribne aucunement; les « événements politiques heureux ou malheureux, les « crises financières, industrielles ou commerciales, « élèvent ou abaissent les prix des valeurs mobilières, « sans que les revenus ou les probabilités de revenus « justifient les prix qui sont le résultat de ces événe- « ments, tous étrangers aux entreprises.

« L'influence des hommes qui patronnent ces entre- « prises contribue également à élever ou à abaisser « les cours; le degré plus ou moins grand d'avance- « ment des travaux est encore une cause qui les mo- « difie, selon que la réalisation des espérances est pro- « chaine, ou que le peu d'avancement des travaux « fait craindre qu'un long temps ne s'écoule avant la « réalisation des espérances.

« Lorsque les valeurs qu'il s'agit d'estimer sont « soumises à tant d'éléments divers d'appréciation, « est-ce qu'il est permis de faire un inventaire qui « soit, nous ne disons pas rigoureusement exact, mais « seulement approximatif?

« Mais, dira-t-on peut-être, les cours de la bourse « sont la base qui doit servir de régulateur.

« Nous répondrons que jamais base ne fut plus arbi- « traire, plus erronée; car les cours de la bourse ne

« sont pas des prix régulateurs, mais de constata-
« tions de transactions, et rien de plus, puisque ces
« transactions ne sont précédées d'aucune estimation.
« Pour les grains et les métaux précieux, il y a une
« base qui permet d'apprécier leur valeur; pour les
« grains, ce sont les mercuriales, et pour les métaux
« précieux, c'est le titre des monnaies. Pour quelques
« marchandises, on peut aussi trouver dans la con-
« sommation la justification du cours des denrées ali-
« mentaires. Mais pour les actions d'une entreprise
« dont les titres sont nombreux, est-ce que le prix
« auquel se vendent quelques actions est la détermi-
« nation de la valeur du capital social? Évidemment
« non, car il arrive chaque jour que le détenteur de
« quelques actions ait besoin de les réaliser; et si,
« dans le même moment, il n'y a pas un acheteur qui
« ait le désir de faire un placement, il est probable
« que la vente ne se fera qu'avec une dépréciation,
« puisque le marché des actions subit, plus fortement
« que tout autre marché, la loi absolue de l'offre et de
« la demande.

« Est-ce que le prix auquel cette vente aura été
« faite sera la representation vraie de la valeur de
« l'entreprise d'où émanent les actions vendues? Cer-
« tes, si le prix de quelques actions vendues à la

« bourse et les cours constatés devaient servir de « base à l'estimation du capital social, les précautions « prises par la loi contre les inventaires frauduleux « seraient bien illusoires ; car, en commettant à un « agent de change l'ordre de vendre, et à un autre « l'ordre d'acheter, on obtiendra ainsi la constatation « d'un cours de fantaisie, et l'inventaire qui portera « ces valeurs, quoique régulier, manquera de la sincé- « rité exigée par la loi, et présentera un bénéfice ou « une perte, au gré de la spéculation.

« Exposer ces hypothèses, n'est-ce pas démontrer « que le cours de la bourse ne peut être la base d'un « inventaire sérieux ? »

Les explications qui viennent d'être données ont leur utilité, en montrant aux banquiers ou aux industriels qui ont un portefeuille de valeurs mobilières quel danger ils peuvent courir en portant dans leurs inventaires ces valeurs au cours de la bourse, au lieu de ne les prendre que pour leur valeur d'achat, régularisée chaque année par un compte d'ordre. Nous avons donné des détails à ce sujet dans notre « Traité de comptabilité, » n° 58, et chapitre XIII, n°s 140 à 154.

On s'explique très-bien, du reste, que le cours de bourse des valeurs mobilières n'en représente pas le prix réel. Ceux qui vendent sont ou des spéculateurs qui n'ont en vue que les mouvements de hausse ou de baisse et les chances aléatoires du marché, ou des vendeurs par liquidation et par nécessité, qui subissent la loi de l'acheteur. Les propriétaires sérieux font des placements et s'inquiètent peu des cours, pourvu que l'affaire, représentée par les valeurs, paye un dividende raisonnable et soit sérieusement administrée.

CHAPITRE XXIII.

De la conduite des affaires.

---

127. — DIRECTION ET CONDUITE.

Après avoir expliqué les lois de l'organisation des affaires, il est bon de dire quelque chose de leur direction. C'est résumer tout ce que nous venons d'écrire.

Que l'industriel travaille pour lui-même ou comme agent responsable d'une société, il doit faire sérieusement et consciencieusement ce dont il s'est chargé, et diriger toutes ses pensées vers ce but.

En commençant, il doit choisir un conseil habile parmi les avocats en renom pour l'assister dans toutes les circonstances où il peut avoir à conclure des traités importants. Ce guide devra faire éviter le plus possible les procès. Il vaut mieux transiger de bonne foi que de suivre des procédures qui dévorent le temps et l'argent. Un notaire sérieux est nécessaire pour les conseils dans une foule de circonstances.

Choisir pour collaborateurs dans l'œuvre technique, autant que possible, des hommes ayant fait leurs preuves, et les attacher à la réussite par l'intérêt, par les relations et par une part proportionnelle des résultats. L'œuvre technique en industrie a une influence prépondérante pour la réussite des affaires, il faut savoir le reconnaître et agir en conséquence. Dans le commerce ou dans les industries commerciales, le travail administratif peut devenir le principal; il faut alors intéresser aux résultats de l'affaire ceux des collaborateurs qui peuvent l'influencer par leur travail.

Tout en traitant les affaires avec la plus stricte probité, il faut s'efforcer, dans l'achat et la vente, d'acheter au meilleur marché du cours et de vendre au prix le plus élevé.

En concurrence, il convient de lutter par la qualité de l'objet vendu plutôt que par l'abaissement du prix. Surtout il faut éviter la lutte de destruction.

Que la correspondance soit faite avec soin, que l'aménité en soit la règle. Il convient d'éviter de discuter avec aigreur et violence. Il faut bien étudier les faits avant de les exposer en correspondance.

Quand les choses commencent de tourner en incident contentieux, il vaut mieux essayer de les régler verbalement.

En administration, il convient de donner des ordres précis, de voir autant que possible tout par soi-même, et d'organiser les services de façon que tout vienne converger sous les yeux du chef. Les résumés d'écritures doivent donner immédiatement le contrôle de tous les mouvements et la situation de toutes les valeurs du capital.

Le classement des documents intéressant une affaire ne peut être laissé au hasard; il faut y employer la méthode la plus en rapport avec l'affaire elle-même.

Nous conseillons à l'industriel sérieux de tenir avec soin le livre des affaires où sont notés tous les documents qui se rapportent aux conventions, lequel permet de former immédiatement des dossiers.

La loi exige que les affaires personnelles des gérants, directeurs, administrateurs, ne soient pas mélangées à celles de l'entreprise. Cela ne peut regarder l'industriel agissant pour son propre compte; mais cela indique une règle bonne à suivre, et nous conseillons toujours de fixer un chiffre de dépenses personnelles qui sépare les dépenses de maison de celles de l'industrie.

CHAPITRE XXIV.

Création des affaires. — Étude des statuts.

---

128. — IDÉES PREMIÈRES DE CRÉATION.

Le domaine dans lequel se meut l'action industrielle n'a pas de limites, et laisse le champ libre à toutes les combinaisons. Circonscrire les inventions du génie de la production, est aussi impossible que d'en préciser d'une manière absolue les causes de réussite ou les chances d'insuccès; aussi nous n'avons eu en vue que de formuler une méthode qui serve en quelque sorte de guide aux esprits chercheurs.

Il faut dire cependant que les grandes industries nationales ont, dans leur espèce, une manière de procéder à peu près identique. La similitude se produit surtout dans le travail technique, qui s'appuie sur des lois scientifiques bien définies. Mais en dehors de l'action directe du travail sur la matière, si nous cherchons dans l'examen des affaires les causes de leur réussite, nous ne trouvons plus la même régularité que dans l'opération technique. La personnalité de l'organisateur se montre sans conteste.

129. — UNE MÉTHODE BASÉE SUR L'OBSERVATION N'EXISTE PAS JUSQU'A PRÉSENT POUR L'ORGANISATION DES AFFAIRES INDUSTRIELLES.

Notre méthode, fondée sur l'étude directe de quelques industries connues, peut permettre aux entrepreneurs d'éviter de faire des essais dangereux, en démontrant que l'industriel a des moyens pour se diriger même dans le cas de créations sans précédents.

Malheureusement il n'a pas été possible de connaître et de noter le travail particulier d'organisation que chaque industriel a dû faire pour mener à bien ses opérations. Ce travail, sans bases scientifiques, a dû être recommencé chaque fois à nouveau. Aujourd'hui encore, une entreprise nouvelle est obligée de passer par des tâtonnements d'organisation qu'on eût évités si les précédents avaient pu être notés.

130. — INITIATIVE DE L'ORGANISATEUR.

Nous disions que l'industriel possède toute initiative

dans ses créations. C'est sur son idée première que tout doit se modeler, en passant par les formes pratiques que nous avons essayé de fixer, et au moyen desquelles il peut imprimer son action individuelle dans la réalisation.

Une fois sa conception bien arrêtée, il la met en œuvre par ses propres moyens; ou bien, s'il s'agit de ces industries pour lesquelles de grands capitaux et de nombreuses aptitudes spéciales sont nécessaires, il doit convaincre des capitalistes que son idée est bonne et se les associer dans une œuvre commune.

131. — STATUTS DES ASSOCIATIONS.

Il s'agit avant tout de tracer, de discuter et d'arrêter la loi qui doit régir l'association. La rédaction des statuts est une opération délicate, car il faut enserrer dans des limites étroites, tout en les exposant clairement, des conventions dont, on pourrait le dire, la diversité est aussi grande que la nature des entreprises.

132. — DE LA SOCIÉTÉ COMMERCIALE ET INDUSTRIELLE.

En principe, une société commerciale et industrielle est un être moral qui, d'après la loi, possède tous les droits civils, puisqu'elle peut acquérir et vendre. Cet être est composé de tous les participants, qui délèguent leur pouvoir collectif à un ou à plusieurs individus chargés, d'une part, de représenter la société sous le nom de comité de direction, de gérance, de conseil d'administration; puis, d'autre part, d'assurer et de contrôler le jeu de la direction sous le nom de conseil de surveillance et de commissaires de surveillance.

L'ensemble des actionnaires, réunis en assemblée générale, a l'autorité et le pouvoir de tout faire dans la limite fixée par les lois sur la matière, ou par l'acte social pour les points que la loi n'a pu prévoir.

Le conseil d'administration, le comité de direction ou de gérance, délégués par l'assemblée générale, ont pouvoir de diriger les affaires de la société dans la voie qu'ils croient la meilleure. C'est le pouvoir exécutif des sociétés industrielles ou commerciales.

Enfin, près de ces conseils dirigeants ou exécutants, mais porteurs d'un simple mandat de contrôle et d'examen, les conseils et les commissaires de surveillance s'assurent que l'affaire est dirigée consciencieusement, et qu'elle marche avec régularité.

133. — COMBINAISON DANS L'ORGANISATION DES ASSOCIATIONS.

On comprend qu'aucune règle immuable ne puisse

présider aux diverses combinaisons que les statuts doivent définir pour le jeu de ces diverses autorités et pour leur action réciproque. L'organisateur a une idée qui doit dominer l'ensemble. Ou bien il veut renforcer le pouvoir des uns en diminuant celui des autres, ou bien il essaie de les pondérer pour en tirer une action plus régulière par le contrôle ou par la force d'initiative. L'essentiel est que, lorsque son idée a pris corps dans les statuts, il puisse faire accepter ces statuts par tous les actionnaires.

La loi française a prévu et réglé tous les cas généraux et toutes les circonstances où elle doit intervenir dans l'intérêt public, mais elle laisse à l'initiative individuelle tout ce qui est particulier et spécial à l'industrie en jeu. Elle fixe la quotité des actions, mais elle ne peut fixer le capital des sociétés. Elle fixe les règles fondamentales de la formation et de la liquidation des sociétés dans leur rapport et dans leurs relations avec tous les citoyens, mais elle ne peut fixer d'avance les rapports des membres de la société entre eux ni leur mode d'action. Elle détermine la forme des sociétés, mais elle ne peut déterminer le jeu des éléments infinis qui surgissent chaque jour dans l'esprit des inventeurs, ni les combinaisons que peuvent affecter ces éléments.

134. — NATURES DIVERSES DES ASSOCIATIONS.

A partir de ce point, la loi actuelle divise les associations en trois espèces, qui sont :

1° La société en commandite par action ;

2° La société anonyme;

3° La société à capital variable.

Notre but n'est pas de faire un commentaire de la loi sur les sociétés commerciales; nous nous contenterons d'exposer les moyens de fonder et d'organiser celle de ces sociétés qui est le plus usitée, la société anonyme. Il n'y a entre les sociétés en commandite par actions et les sociétés anonymes que des différences peu importantes, et qui portent sur la composition de l'administration des sociétés.

Dans les sociétés en commandite par actions, la loi a voulu qu'à côté de la gérance, qui, par la nature de l'association, peut se faire donner des pouvoirs presque sans limites, on établît un conseil de surveillance fortement constitué et chargé d'une responsabilité sérieuse.

Dans les sociétés anonymes, dont au contraire les administrateurs ont un rôle mieux défini par la loi, le contre-poids des conseils de surveillance des commandites est remplacé par un simple commissariat chargé de s'assurer, par les écritures, de la régularité des opérations.

Quant aux commandites simples, associations de plusieurs personnes pour une opération industrielle ou commerciale, la liberté la plus grande leur est laissée. Le nom de la commandite rend le titulaire responsable personnellement vis-à-vis des tiers, et sa fortune garantit le capital commun. Il n'y a pas de statuts d'associatiou, un simple acte notarié les remplace.

Nous nous occuperons des sociétés par actions, et nous allons étudier les statuts qui doivent présider à leur formation.

135. — CONFECTION DES STATUTS DES SOCIÉTÉS.

Le travail de la composition des statuts des sociétés est extrêmement difficile et délicat, parce qu'une mesure mal coordonnée, un mot laissant prise à une équivoque, peuvent conduire aux plus fâcheux résultats et souvent faire tomber une association qui possède une puissante vitalité.

En général, les statuts sont divisés en chapitres qui ont rapport chacun à une partie essentielle de la composition de la société; on pourrait les définir ainsi qu'il suit :

1° *Acte constitutif* par-devant notaire ;

2° *Objet de la société,* dénomination, siége et durée de la société ;

3° *Fonds social,* composition, actions, nombre, quotité, manière de faire les appels, droits et obligations de l'action, formalités de remise, de conversion, de cession, formalités en cas de perte, etc. ;

4° *Apports,* s'il en est fait, en immeubles ou en brevets, avantages divers et réserves, etc. ;

5° *Conseils d'administration,* de direction, de gérance, composition, renouvellement, réunions, délibérations, pouvoirs, conseils de surveillance et commissaires ;

6° *Assemblées générales,* composition des assemblées, convocation, manière de délibérer, détermination des votes, nomination des conseils, remplacements, pouvoirs de l'assemblée ;

7° *Comptes annuels,* inventaires, comment seront déterminés les bénéfices, réserves, dividendes, date du commmencement et de la fin des exercices, forme de la comptabilité, bilans, retenues d'amortissement, de réserve, intérêt, dividendes ;

8° *Dissolution, liquidation.* Prévision du cas de dissolution. Marche de la liquidation.

9° *Dispositions transitoires.*

En général, les Sociétés se réservent le pouvoir de modifier leurs statuts; mais il faut déterminer à l'avance les formes qui devront être suivies pour toucher à la loi de fondation. Nous ne pouvons cependant mieux faire que d'engager les fondateurs d'une affaire à soumettre à l'examen et aux conseils d'un avocat éclairé les projets de statuts.

136. — FORMALITÉS DE PUBLICATION.

Les statuts acceptés par les associés, l'organisateur doit se conformer à la loi pour rendre l'association publique. Les formalités sont un peu différentes s'il s'agit d'association simple ou s'il s'agit de Sociétés anonymes. La marche est tracée par la loi, et le notaire se charge de la direction à imprimer aux opérations.

La loi indiquant que le capital doit être entièrement souscrit avant tout acte public et une partie dudit capital versée, les industriels ont pris l'habitude de procéder ainsi qu'il suit :

137. — FORMATION DE LA PREMIÈRE ADMINISTRATION.

Les premiers associés, ceux qui ont discuté les statuts, se font désigner dans cet acte comme devant transitoirement former le conseil d'administration de la Société. Ils prennent la responsabilité collective dans la formation des grandes associations anonymes. Plus tard, lorsque la Société est définitivement constituée, ces administrateurs proposent en assemblée générale leur nomination définitive et celle d'un ou de plusieurs commissaires chargés de suivre les opérations et d'en rendre compte aux actionnaires.

Dans les Sociétés en commandite par actions, l'assemblée des actionnaires nomme un Conseil de surveillance, composé au moins de trois intéressés dont les fonctions sont définies par la loi.

Nous ne voulons pas expliquer le texte de la loi sur les Sociétés, modifiée par le Corps législatif en 1867 et promulguée le 29 juillet de la même année ; nous donnerons simplement (chapitre XXVII) cette loi, afin que chacun l'ait immédiatement sous la main. Nous nous contenterons d'y renvoyer, et nous continuerons nos explications sur l'organisation des Sociétés.

138. — PREMIERS VERSEMENTS SUR LE CAPITAL.

Le versement d'une partie du capital étant exigé pour qu'une Société soit constituée, il a été admis dans la pratique que les premiers paiements seraient faits sur une pièce qui porte le titre de « registre de souscription. » C'est un livre à souche sur lequel chaque souscripteur vient déclarer son nom, ses prénoms, son titre, son adresse, le nombre d'actions qu'il désire; on ajoute la somme souscrite et le paiement fait à compte. Le souscripteur signe la souche, et on lui remet en échange de son argent le volant, qui porte en toutes lettres la somme payée; ce volant sert de reçu.

Si le capital doit être versé en plusieurs termes, les administrateurs conviennent généralement de former le second paiement d'une somme assez forte, afin que, réuni au premier, il forme le total du versement exigé par la loi pour que les titres provisoires en promesses d'actions puissent être négociés.

139. — TITRES PROVISOIRES OU PROMESSES D'ACTIONS.

A ce second versement, les reçus de souscription dont nous avons parlé sont échangés contre des titres nouveaux, qui indiqueront dans leur texte les dates des versements subséquents, et qui sont traçés de façon qu'on puisse y donner reçu de ces versements à leur date. Ces titres nouveaux sont à souche et sont nominatifs. Un seul titre porte le nom du souscripteur, le nombre d'actions qu'il a souscrites, la somme totale des actions, l'à-compte versé au moment de la remise. Le souscripteur doit signer sur la souche le reçu de ce titre.

Les actions provisoires ou, comme on les appelle communément, les promesses d'actions sont sur papier timbré à l'extraordinaire.

A chaque versement, le souscripteur présente son titre, sur lequel on indique le paiement fait.

140. — ACTIONS DÉFINITIVES.

Après le payement total, ce titre provisoire est échangé contre les actions définitives, qui sont, au choix de l'actionnaire, ou nominatives ou au porteur. En faisant son dernier versement, l'actionnaire doit déclarer s'il veut l'un ou l'autre titre.

141. — TITRES NOMINATIFS OU TITRES AU PORTEUR.

En principe, les titres nominatifs et les titres au porteur devaient être les mêmes, sauf toutefois que les premiers devaient porter, écrit en toutes lettres, le nom du propriétaire, et que de plus on devait tenir note, sur des livres spéciaux, du nom du possesseur de ces titres et de leurs changements de propriété. Le titre au porteur au contraire pouvait changer de main sans qu'il en fût donné avis préalable à la Société. Sa présence entre les mains de quelqu'un suffisait pour en indiquer le possesseur. Cette forme identique des titres donnait lieu à des complications et à des difficultés de plus d'une sorte, dont la plus grande consistait à faire annuler des actions et à en créer de nouvelles chaque fois qu'une demande de conversion des titres, en porteur ou en nominatif, exigeait un changement. Il y avait un danger réel à tenir toujours, et en nombre indéterminé, des titres prêts à être échangés contre l'annulation d'anciens titres à convertir.

Voici comment on a tourné cette difficulté dans la pratique : Le nombre d'actions fixé par les statuts est strictement exécuté, ni plus ni moins. Ces titres à souche sont reliés en volumes de 100, de 500 ou de 1,000. Détachés des souches, après numérotage et signature, ils sont remis à l'actionnaire en échange de la promesse d'action libérée, après payement intégral. Cette promesse porte récépissé des titres définitifs, mais sous deux formes différentes. Les titres au porteur sont simplement remis en nombre suffisant au propriétaire. Les titres destinés à devenir nominatifs sont mis, sous enveloppe, dans une caisse disposée à cet effet, au siége de la Société. Préalablement, ils sont inscrits au nom du propriétaire sur un journal de dépôts et reportés à son compte à un Grand-Livre spécial. Le dépôt est numéroté, sur un livre à souche détaillant le nom, le prénom, la demeure, les qualifications du propriétaire. Ce titre détaché de la souche forme l'action nominative, et porte la signature des administrateurs. Il est remis au propriétaire.

142. — CONVERSION DES TITRES.

On comprend que, dans le cas où le propriétaire d'un titre nominatif veut échanger ce titre contre des actions au porteur, on se borne à annuler officiellement le certificat de dépôt contre la remise des titres originaires placés dans la caisse des dépôts.

L'actionnaire qui désire convertir ses titres au porteur en titres nominatifs les fait déposer en échange du certificat de dépôt ou action nominative dont il vient d'être parlé.

143. — PRÉCAUTIONS A PRENDRE POUR LA GARDE DES TITRES.

Cette méthode simple et facile, laissant intact le nombre des actions, ne donne aucune prise à l'erreur, mais elle laisse une assez grande responsabilité aux sociétés. Aussi les administrateurs ne permettent les mouvements de titres qu'en leur présence, et ils prennent les précautions les plus minutieuses pour leur conservation. On a des caisses extrêmement solides, à l'abri des fractures et du feu, à serrures composées; chaque administrateur ayant une clef, l'ouverture n'est possible qu'en leur présence à tous. On tient strictement les livres de dépôt, dont le solde doit être représenté au grand-livre de la société par une somme qui, divisée par la valeur d'émission des actions, indique le nombre des titres déposés dans la caisse.

144. — OBLIGATIONS ET COMPTE DES COUPONS.

Les sociétés qui font des emprunts à coupons réguliers d'intérêt, agissent pour les obligations d'une manière identique en tous points à celle des titres d'actions.

Nous avons trouvé dans une grande société une méthode extrêmement simple et ingénieuse pour tenir compte des coupons payés et rentrés ; voici en quoi elle consiste :

Des registres semblables aux registres d'actions ou d'obligations sont dressés ; mais à la place des titres figure une feuille de couleur différente que le titre, divisée exactement comme lui, en petits carrés de la dimension des coupons, et portant les mêmes indications de dates de paiement et de numéro. Chaque coupon payé est collé à sa place. Les places vides indiquent les coupons non payés.

145. — CONFECTION DES TITRES, ACTIONS ET OBLIGATIONS.

Quant aux titres, actions et obligations, on ne saurait prendre trop de précautions pour leur confection. Les titres au porteur peuvent être assimilés aux billets de la Banque de France pour le danger de contrefaçon ou de perte. Aussi apporte-t-on des soins extrêmes à les rendre inimitables : papiers filigranés, impressions compliquées à plusieurs teintes, timbres secs dans l'intérieur, signatures, signes cachés, tout est mis en œuvre. Ces précautions sont excellentes, et nous les recommandons.

146. — NOUVELLE MANIÈRE DE FORMER LE CAPITAL.

Le capital bien déterminé, et reproduit en entier sous forme d'actions et d'obligations, nous paraît la marche généralement suivie et adoptée comme conforme à l'esprit de la loi ; cependant, dans ces derniers temps, et notamment pour le Crédit mobilier, qui, croyons-nous, est le premier à avoir suivi cette marche, on a simplifié les formalités nécessaires pour arriver à augmenter le capital par une mesure qui est diversement appréciée. On fixe un capital double ou triple du capital nécessaire, et l'on n'appelle que la somme utile qui représente, par chaque action, le chiffre exigé par loi, pour la rendre négociable. Par ce moyen, les titres restent forcément nominatifs, et les souscripteurs demeurent engagés pour le chiffre total

16

du capital, qu'on peut appeler successivement, sur une simple décision du conseil d'administration.

Cette méthode, qui rend les appels faciles, a peut être quelques dangers; nous ne nous y arrêterons pas, parce que chacun peut s'en rendre compte; mais une considération domine toutes les autres : c'est que les souscripteurs, dans ce système, se trouvent liés à l'affaire, puisque leur engagement reste individuel jusqu'à libération des actions.

Nous donnons, au chapitre XXVI, un modèle de statuts de société qui nous a paru réunir toutes les qualités nécessaires à une bonne association. Nous tenons ce modèle d'un des avocats les plus distingués du barreau de Marseille, en même temps qu'un des hommes les plus compétents sur la matière. Nous donnerons ensuite le texte de la loi du 21 juillet 1867 sur les sociétés.

CHAPITRE XXV.

Liquidations.

147. — DES LIQUIDATIONS.

Il nous resterait à voir si, dans le cas où une affaire ne produirait pas le résultat attendu, un arrêt et une liquidation amiable ne seraient pas un acte conservatoire, au lieu de devenir une source de ruine, comme cela a lieu ordinairement.

148. — ON PEUT ÉVITER LES LIQUIDATIONS DANGEREUSES EN S'ARRÊTANT A TEMPS.

Si l'on a suivi notre travail en entier, on a déjà pu se convaincre que deux faits, essentiels en industrie, restent au pouvoir de l'entrepreneur. Le premier, c'est qu'une étude première bien entendue permet d'organiser le capital avec une régularité assez grande pour qu'on puisse reconnaître et éviter les causes de ruine, qui sont le plus souvent produites par une mauvaise assiette de cet élément principal de réussite. Le second, c'est que l'ordre introduit dans la direction et la marche des affaires ne pouvant, d'après nos enseignements, laisser dans l'ombre aucun point essentiel à connaître, il est facile d'arriver à savoir, au jour le jour pour ainsi dire, la situation exacte d'une affaire, d'en voir les points faibles et de juger en connaissance de cause, par la situation du capital, s'il convient de s'arrêter.

149. — LIQUIDATIONS FORCÉES, ET LIQUIDATIONS AMIABLES.

Si l'on excepte les coups de foudre amenés par les commotions politiques, les pertes considérables et imprévues de créances, ou les causes qui restent en dehors de prévisions humaines, nous regardons les liquidations forcées comme des preuves d'incapacité et comme des éventualités extrêmement fâcheuses : ce n'est pas seulement celui qui y donne lieu qui en souffre, le pays entier s'en ressent par les perturbations que la faillite amène avec elle.

Une liquidation dans laquelle le capital de l'industriel disparait peut être loyale, nous n'avons rien à en dire; celui qui la subit a couru des chances heureuses ou malheureuses : il n'a pas réussi, et il est puni par la perte de sa fortune. S'il liquide lui-même, il peut encore marcher le front haut. Mais une liquidation qui emporte avec elle les ressources de personnes qui n'ont eu que des rapports d'affaires avec le failli, et qui donne lieu à l'intervention de tout l'appareil judiciaire, est une calamité.

Lorsque la loi intervient, elle règle la marche de la liquidation : l'entrepreneur n'en est plus le maître, il est perdu.

150. — NÉCESSITÉ D'ÉTUDIER L'ÉCONOMIE INDUSTRIELLE.

L'économie industrielle devrait être étudiée et pratiquée à l'égal de la science technologique : ce sont deux parties d'un même tout. Si la technologie préside scientifiquement au travail, l'économie en représente l'initiative féconde et la direction morale. La première met en jeu les forces de la nature; la seconde est le guide des forces morales.

L'économie industrielle a pour but l'étude précise des conditions premières et celle de l'organisation des affaires en vue d'une marche logique; elle a pour point d'appui et pour levier l'ordre et l'honnêteté.

CHAPITRE XXVI.

Modèle de Statuts des Sociétés industrielles.

FILATURE DE PROVENCE.

SOCIÉTÉ A RESPONSABILITÉ LIMITÉE.

Capital : Fr. 4,500,000.

---

151. — ACTE DES FONDATEURS.

L'an mil huit cent soixante-cinq, et le neuf décembre,

Par-devant nous, ÉTIENNE-AUGUSTE, et notre collégue, notaires à Marseille, soussignés,

Ont comparu :

1° Monsieur X..... demeurant à.....

Agissant : 1° en son nom personnel, 2° au nom de la banque commerciale, etc.

2° Monsieur X, négociant, etc..... demeurant, etc.

3° Monsieur X, négociant, etc..... demeurant, etc.

4° Monsieur X, propriétaire, etc.... demeurant, etc.

5° Monsieur X, négociant, etc.... demeurant, etc.

6° Monsieur X, propriétaire, etc.... demeurant, etc.

7° Monsieur X, etc..., demeurant, etc.

8° Et tous les souscripteurs des actions ci-après créées,

Lesquels ont établi ainsi que suit les statuts de la société des ***Filatures de Provence***, à responsabilité limitée.

TITRE Ier.

152. — OBJET DE LA SOCIÉTÉ. — DÉNOMINATION. — SIÉGE ET DURÉE.

ARTICLE PREMIER.

Il est formé entre les comparaissants, fondateurs, savoir :

MM. X, agissant comme il est dit ci-dessus : 1° en son nom personnel ; 2 au nom de la banque commerciale ; X , X , X , X , X , X , et tous les souscripteurs des actions ci-après créées,

Une société à responsabilité limitée ayant pour objet :

L'industrie de la filature du coton, et par suite les achats et les ventes qui en sont la conséquence, ainsi que l'achat, la construction et l'exploitation des usines jugées nécessaires.

Toute opération autre que celles qui constituent l'industrie de la filature de coton lui est interdite.

ART. 2.

La société prend la dénomination de *Filatures de Provence*, à responsabilité limitée.

ART. 3.

Elle aura son siége à, etc....

ART. 4.

La société est contractée pour vingt-cinq ans, à partir de sa constitution définitive.

TITRE II.

153. — FONDS SOCIAL. — ACTIONS.

ART 5.

Le fonds social est fixé à quatre millions cinq cent mille francs, et divise en 9,000 actions de 500 francs.

Ce fonds social pourra être porté à six millions par délibération du conseil d'administration.

Il pourra être augmenté, en sus de six millions, par délibération de l'assemblée générale.

Pour toute augmentation de capital, les porteurs d'actions auront la préférence pour la souscription des actions nouvelles, à la charge par eux d'opérer leur souscription dans le délai fixé par le conseil d'administration, après l'avis qui en sera donné dans trois journaux de Marseille.

ART. 6.

Le montant des actions à souscrire en numéraire sera versé en souscrivant, avec faculté, pour les souscripteurs, de faire les versements, savoir :

Un quart en souscrivant,

Un quart le 15 janvier 1866, et moitié fin février suivant, en supportant l'intérêt de ces deux derniers versements, à partir du 10 décembre 1865, à raison de 5 pour 100 l'an.

ART. 7.

Faute de versement aux époques ci-dessus fixées, l'actionnaire en retard est mis en demeure par un avis inséré dans un journal d'annonces légales de Marseille ; cet avis indique les actions seulement par leur numéro.

Faute par l'actionnaire de faire un versement dans le délai de quinze jours, la société pourra faire vendre immédiatement, sans autre mise en demeure ni formalité, par le ministère d'un agent de change, à la bourse de Marseille, et sur duplicata, les actions en retard, sans préjudice du droit qu'elle conserve de poursuivre l'actionnaire en retard par les voies ordinaires, soit pour le montant du versement à faire, soit pour le déficit en cas de vente, s'il y en a. En cas d'excédant, il en sera tenu compte à l'actionnaire.

Les titres primitifs des actions ainsi vendues deviennent nuls de plein droit : en conséquence, toute action qui ne porte pas la mention régulière des versements qui ont dû être opérés, cesse d'être admissible à la négociation et au transfert.

Les numéros de ces titres d'actions ainsi annulés sont publiés dans un journal d'annonces légales de Marseille.

ART. 8.

Après leur entière libération, les actions seront nominatives ou au porteur, au choix de l'actionnaire, sauf l'exécution de l'article de la loi du 29 mai 1863 sur la libération des actions.

ART. 9.

Les titres d'actions seront détachés de registres à souche, numérotés et revêtus du timbre de la société et de la signature de deux administrateurs.

ART. 10.

Le titre d'action sera délivré après délibération définitive.

ART. 11.

Les droits et les obligations d'une action suivent le titre dans quelque main qu'il passe.

La cession d'une action emporte, de plein droit, cession de tous intérêts et dividendes échus et non encore payés.

ART. 12.

La cession des actions nominatives s'opérera par l'annulation du titre, en présence du conseil d'administration. Il devra en être fait déclaration sur le titre annulé, qui doit rester dans les archives de la société, et sur le registre spécial des titres.

La déclaration sera signée par le cédant et le cessionnaire ou par leurs mandataires.

Le conseil d'administration réglera la forme de ces procurations.

La cession des actions au porteur s'opère par la remise du titre.

ART. 13.

Toute action est indivisible à l'égard de la société : lorsqu'une action sera possédée par plusieurs personnes, elles seront tenues de se faire représenter par l'une d'entre elles.

ART. 14.

En cas de perte d'un titre d'action, la société ne pourra être tenue d'en délivrer un nouveau que moyennant caution, conformément aux articles 151, 152 et 155 du Code de commerce et à la loi du 15 juin 1872 sur les titres au porteur.

Le nouveau titre ne sera délivré que trois mois après l'insertion de la déclaration de perte dans le *Journal officiel* et dans un journal de Marseille.

La déclaration de perte sera faite dans la forme et suivant les termes qui seront déterminés par le conseil d'administration.

ART. 15.

Tout actionnaire est tenu d'élire à Marseille un domicile auquel pourront lui être adressés et signifiés tous exploits, même de citation, significations de jugements, commandements et appels, avec attribution de juridiction, et sans aucun délai de distance.

ART. 16.

Le conseil d'administration pourra autoriser le dépôt des titres, soit dans la caisse sociale, soit dans toute autre caisse qu'il désignera ; il déterminera la forme des certificats de dépôt, le mode de leur délivrance, les frais auxquels le dépôt pourra être soumis, et les garanties dont l'exécution de cette mesure doit être entourée dans l'intérêt de la société et des actionnaires.

TITRE III

154. — APPORTS.

ART. 17.

M. X... apporte dans la société l'usine qu'il a acquise aux enchères publiques, suivant ordonnance de M. X... juge au tribunal civil de..... en date du..... enregistrée le......

Cette usine est située à.....

Les parties s'en rapportent, pour la consistance de cet immeuble au cahier des charges sur lequel a eu lieu l'adjudication en faveur de M. X...

Cet apport est fait pour la somme de un million cent mille francs, comprenant le prix d'adjudication et frais accessoires.

ART. 18.

En rémunération de cet apport, il est attribué à M. X... deux mille deux cents actions de la société.

TITRE IV.

155. — CONSEIL D'ADMINISTRATION.

ART. 19.

La société sera administrée par un conseil composé de dix membres nommés par l'assemblée générale.

ART. 20.

Les actions affectées, d'après la loi du 29 juillet 1867, à la garantie de la gestion des administrateurs, seront nominatives, inaliénables, frappées d'un timbre indiquant leur inaliénabilité, et déposées dans la caisse sociale.

ART. 21.

Les administrateurs seront nommés pour six ans, et seront renouvelées par tiers, d'après un tirage au sort, sauf en ce qui concerne les administrateurs nommés pour la première période de six ans, lesquels seront renouvelés, savoir : le tiers à la fin de la cinquième année, d'après un tirage au sort, et les deux tiers restants à la fin de la sixième année.

Les membres sortants seront toujours rééligibles.

En cas de décès, démission ou empêchement d'un membre du conseil, il est pourvu à son remplacement provisoire par le conseil, et à son remplacement définitif par l'assemblée générale, lors de la plus prochaine réunion.

L'administrateur ainsi nommé en remplacement d'un autre ne reste en exercice que jusqu'à l'époque de l'expiration des pouvoirs de celui qu'il remplace.

ART. 22.

Il est interdit aux administrateurs de prendre ou de conserver un intérêt direct ou indirect dans une opération quelconque faite avec la société ou pour son compte, à moins qu'ils n'y soient autorisés par l'assemblée générale, pour certaines opérations spécialement déterminées.

ART. 23.

A chaque renouvellement, le conseil nomme parmi ses membres un président et un vice-président.

En cas d'absence du président et du vice-président, le conseil nomme un président pour la séance.

ART. 24.

Le conseil d'administration se réunit au siége social, une fois par mois, et toutes les fois que les affaires de la société l'exigent.

La convocation pourra être faite par le président ou le vice-président, et par l'un des délégués dont il sera parlé ci-après.

ART. 25.

Il ne peut délibérer qu'au nombre de cinq membres au moins.

Les décisions seront prises à la majorité des voix. En cas de partage, la voix du président sera prépondérante.

ART. 26.

Les délibérations seront constatées par des procès-verbaux inscrits sur un registre spécial et signés par le président.

Le président aura qualité pour délivrer des extraits ou copies certifiées par lui de ces délibérations.

ART. 27.

Le conseil d'administration est investi des pouvoirs les plus étendus pour la gestion de la société.

ART. 28.

Ces pouvoirs peuvent être exercés par deux ou trois membres du conseil d'administration, délégués à cet effet par délibération de ce conseil, et formant un comité de gestion.

ART. 29.

Ces délégués font tous les achats et ventes des matières et produits de l'industrie de la filature du coton, soit en France, soit à l'étranger.

Ils dirigent l'exploitation des usines sociales.

Ils nomment et révoquent tous les employés et agents de la société et en fixent la rémunération.

Ils signent et endossent tous billets de commerce ou lettres de change, ils acquittent tous mandats, tant sur la Banque de France que sur tout autre débiteur ou dépositaire de fonds de la société.

Ils exercent toutes les actions de la société, et la représentent en justice, tant en demandant qu'en défendant.

Ils font toutes recettes et dépenses.

Pour tous les actes ci-dessus, il suffira de la signature d'un seul des administrateurs délégués, signant au nom de la société.

Ils peuvent transiger, compromettre, acquiescer à toutes décisions, consentir toutes radiations d'hypothèques, tout soulèvement d'oppositions ou saisies-arrêts, le tout avec ou sans paiement.

Les transactions, désistements, acquiescements, mainlevée d'hypothèques, soulèvement de saisies, arrêts ou oppositions, les transferts de rentes et effets publics appartenant à la société, doivent être signés par deux membres du comité de gestion.

ART. 30.

Le conseil d'administration pourra valablement fixer

la durée de cette délégation dans les limites de celle des pouvoirs des administrateurs.

Art. 31.

Les pouvoirs ci-dessus accordés aux administrateurs délégués pourront être modifiés et restreints par le conseil d'administration, délibérant au nombre de sept membres au moins.

Art. 32.

Le conseil règle la direction générale à suivre dans les affaires de la société, il détermine les états ou relevés qui devront lui être soumis dans sa réunion mensuelle, ainsi que les communications qui doivent lui être faites.

Il statue sur les acquisitions, ventes et échanges d'immeubles.

Il fixe la quotité des retenues annuelles applicables à l'amortissement et à la réserve.

Il autorise l'emploi du fonds de réserve et des fonds libres.

Il arrête les comptes qui doivent être soumis à l'assemblée générale, ainsi que les propositions qui doivent lui être faites.

Ces pouvoirs du conseil d'administration ne sont d'ailleurs qu'indicatifs et non limitatifs.

ART. 33.

Il sera nommé un commissaire, en exécution de la loi du 29 mai 1863.

TITRE V.

156. — ASSEMBLÉE GÉNÉRALE.

ART. 34.

L'assemblée générale se compose de tous les actionnaires, titulaires ou porteurs de vingt actions.

ART. 35.

Il y aura, dans les trois mois qui suivront l'expiration de l'année sociale, une assemblée générale pour examiner les comptes des administrateurs, les approuver, s'il y a lieu, et fixer le dividende à distribuer.

Il pourra y avoir d'autres assemblées générales dans le cours de l'exercice, lorsque les affaires de la société l'exigeront.

ART. 36.

L'assemblée générale sera convoquée par le conseil d'administration.

La convocation sera faite par un avis inséré dans les deux journaux de Marseille désignés pour les annonces judiciaires, et quinze jours au moins avant la réunion.

En cas d'urgence, la convocation pourra être faite dans le délai de cinq jours.

ART. 37.

Les actionnaires devront déposer leurs actions trois jours au moins avant la réunion, avec les procurations, au siége social ou dans les caisses désignées par le conseil d'administration.

Sur ce dépôt, il est remis à chaque déposant une carte d'admission nominative.

Les certificats de dépôt, faits conformément à l'article 16, seront déposés comme les actions elles-mêmes.

ART. 38.

L'assemblée générale ne pourra valablement délibérer, sur cette première convocation, qu'autant qu'elle réunira le quart des actions délivrées.

A défaut, il sera procédé à une nouvelle convocation, dans la même forme et au même délai de quinze jours, ou de cinq jours en cas d'urgence, pour une nouvelle réunion, qui pourra délibérer valablement, quel que soit le nombre des membres présents ou représentés.

ART. 39.

L'assemblée générale est présidée par le président, ou à défaut par le vice-président du conseil d'administration, et en cas d'empêchement de l'un et de l'autre, par le menbre que le conseil d'administration aura désigné à cet effet.

Les deux plus forts actionnaires présents à l'ouverture de la séance remplissent les fonctions de scrutateurs, et, sur leur refus, les deux plus forts actionnaires, après eux, jusqu'à acceptation.

Le bureau, ainsi composé, désigne le secrétaire.

Art. 40.

Les actionnaires ne peuvent se faire représenter à l'assemblée générale que par un actionnaire ayant lui-même le droit d'en faire partie.

Art. 41.

L'assemblée générale nomme le commissaire de la société, en exécution de l'article 15 de la loi du 29 mai 1863.

Elle entend le rapport du conseil d'administration et celui du commissaire sur l'exercice écoulé et, par suite, sur le bilan et sur les comptes.

Elle approuve les comptes, s'il y a lieu.

Elle fixe les dividendes à distribuer.

Elle nomme les membres du conseil d'administration, et fixe la valeur des jetons de présence.

Elle autorise tous emprunts, ainsi que la vente ou l'échange des usines sociales.

Elle autorise les réunions, fusions et alliances avec d'autres sociétés ou avec des particuliers pour l'industrie de la filature du coton.

Elle délibère sur les modifications à apporter aux statuts, l'augmentation du fonds capital, la prorogation ou la dissolution de la société.

Enfin, elle décide souverainement, et en se renfermant dans la limite des statuts, sur tous les intérêts de la société, et confère au conseil d'administration les pouvoirs nécessaires pour les cas qui n'auraient pas été prévus.

ART. 42.

Chaque vingt actions donnent droit à une voix, sans que la même personne puisse avoir plus de vingt voix, soit par elle-même, soit comme mandataire.

ART. 43.

L'assemblée délibère à la majorité des voix.

Pour les emprunts, les fusions ou réunions de société, les ventes, échanges d'usines, les augmentations de capital, les prorogations ou dissolutions de société et les changements à l'acte social, les délibérations ne seront valables qu'autant que la moitié des actions sera représentée.

ART. 44.

Les votes pourront être exprimés pas assis et levé ;

il devra être procédé au scrutin secret, soit sur délibération du bureau, soit sur la demande de dix membres au moins.

ART. 45.

Les délibérations de l'assemblée générale seront inscrites sur un registre spécial, et signées par le président et le secrétaire.

Le président aura qualité pour en délivrer des extraits ou copies pour les actes dans lesquels le concours de l'assemblée générale est nécsssaire.

ART. 46.

L'assemblêe générale représente l'universalité des actionnaires; ses délibérations sont obligatoires pour tous.

TITRE VI.

157. — INVENTAIRES ET COMPTES ANNUELS. — BÉNÉFICES. — FONDS DE RÉSERVE. — DIVIDENDES.

ART. 47.

L'année sociale finit le 31 décembre de chaque année, le premier exercice finira le 31 décembre 1866.

ATT. 48.

La comptabilité sera tenue en partie double.

Le bilan sera arrêtée à la fin de l'année sociale; il

sera dressé à cette époque un inventaire contenant l'indication des valeurs et des dettes de la société.

Le compte de profits et pertes sera formé :

1° Du solde de toutes les opérations terminées dans l'exercice ;

2° Des différences entre les existants du dernier inventaire calculés au prix de revient, et ceux résultant des écritures ;

3° Du solde des comptes de frais généraux.

ART. 49.

Il sera prélevé sur l'excédant des produits annuels, déduction faite de toutes les charges sociales :

1° Une retenue destinée à constituer un fonds d'amortissement des immeubles et de l'outillage ;

2° Une retenue destinée à constituer un fonds de réserve pour les dépenses imprévues.

La quotité de ces retenues sera fixée, chaque année, par le conseil d'administration ; la quotité de la seconde ne pourra être inférieure à 5 p. 100 des bénéfices nets.

3° L'intérêt à 5 p. 100 l'an des sommes versées sur le fonds social.

ART. 50.

Le reste formera le dividende à distribuer, et sera réparti, savoir :

90 °/₀ aux porteurs d'actions;

10 °/₀ aux administrateurs.

ART. 51.

L'intérêt et le dividende seront payés aux époques qui seront fixées par le conseil d'administration.

Le conseil pourra, à la fin du premier semestre de chaque année, autoriser la distribution de deux et demi pour cent à valoir sur les intérêts du fonds social pour l'exercice courant.

ART. 52.

Les intérêts et dividendes qui ne seraient pas réclamés dans les cinq ans qui suivront leur exigibilité seront soumis à la loi du 15 juin 1872.

TITRE VII.

158. — DISSOLUTION. — LIQUIDATION

ART. 53.

En cas de perte de la moitié du capital social, l'administration sera tenue de convoquer une assemblée générale, à l'effet de statuer sur la dissolution ou sur la continuation de la société.

ART. 54.

En cas de dissolution, la liquidation sera faite par

les membres du comité de gestion alors en fonction, ou par tous autres liquidateurs que le conseil d'administration jugerait convenable de nommer.

L'assemblée générale réglera le mode de liquidation; elle pourra autoriser la liquidation à l'amiable et sans enchères, tant pour les valeurs mobilières que pour les immeubles.

Elle pourra aussi autoriser la liquidation par voie de cession de droits, actions et obligations de la société, ainsi que par voie de fusion ou d'apport dans une autre société, et recevoir des actions en paiement.

Ce mode de paiement ne pourra être valablement délibéré qu'autant que l'assemblée générale réunira la moitié des actions.

ART. 55.

L'assemblée générale conserve du reste tous ses pouvoirs pendant la liquidation.

ART. 56.

Les liquidateurs auront tous les pouvoirs nécessaires pour la liquidation, et même celui de transiger, compromettre et consentir toute mainlevée de saisie ou opposition et toute radiation d'hypothèque, avec ou sans paiement.

ART. 57.

Le produit de la liquidation sera employé, d'abord

à l'extinction du passif de la société, et ensuite au remboursement du fonds capital où du montant des actions.

L'excédant sera réparti comme bénéfice, conformément à l'article 50.

ART. 58.

La dissolution de la société ne fera pas tomber les actionnaires en état d'indivision, ni pour les facultés mobilières ni pour les immeubles.

La société continuera, après sa dissolution, pour sa liquidation, jusques et y compris le complément de cette liquidation, par le partage de l'actif net, par les liquidateurs, et elle sera régie jusqu'alors par les dispositions du présent acte.

ART. 59.

La société sera publiée aux formes de droit, aussitôt après sa constitution définitive.

TITRE VIII.

159. — DISPOSITIONS TRANSITOIRES.

ART. 60.

Les assemblées générales nécessaires pour la constitution de la société seront convoquées par les fondateurs, dans le délai de trois jours, par la voie des journaux.

ART. 61.

La société se réserve la faculté d'adopter, en tout ou en partie, les dispositions de toute loi nouvelle qui serait rendue en matière de société commerciale, d'après délibération de l'assemblée générale.

Dont acte requis et concédé, fait et passé à Marseille, dans l'étude de Me X, notre collègue, où nous nous sommes rendus.

Et après lecture faite, les comparaissants ont signé avec nous notaires sur la présente minute, demeurée au pouvoir de Me Étienne-Auguste.

Ont signé MM. X, X, X, X, X, X, X; X, notaire, et Étienne-Auguste, notaire.

Enregistré à Marseille, le quatorze décembre mil huit cent soixante-cinq,........ Reçu cinq francs et soixante-quinze centimes pour décimes.

Signé : JEAN.

CHAPITRE XXVII.

Loi sur les Sociétés.

(*Extrait du procès verbal du Corps législatif.*)

TITRE Ier.

160. — DES SOCIÉTÉS EN COMMANDITE PAR ACTIONS.

Marche à suivre.

ART. 1er. — Les sociétés en commandite ne peuvent diviser leur capital en actions ou coupons d'actions de moins de cent francs, lorsque ce capital n'excède pas deux cent mille francs, et moins de cinq cents francs, lorsqu'il est supérieur.

Elles ne peuvent être définitivement constituées qu'après la souscription de la totalité du capital social et le versement, par chaque actionnaire, du quart au moins du montant des actions par lui souscrites.

Cette souscription et ces versements sont constatés par une déclaration du gérant dans un acte notarié.

A cette déclaration sont annexés la liste des souscripteurs, l'état des versements effectués, l'un des doubles de l'acte de société, s'il est sous seing privé, et une expédition, s'il est notarié et s'il a été passé devant un notaire autre que celui qui a reçu la déclaration.

L'acte sous seing privé, quel que soit le nombre des associés, sera fait en double original, dont l'un sera annexé, comme il est dit au paragraphe qui précède, à la déclaration de souscription du capital et de versement du quart, et l'autre restera déposé au siége social.

Statuts.

Art. 2. — Les actions ou coupons d'actions sont négociables après le versement du quart.

Art. 3. — Il peut être stipulé, mais seulement par les statuts constitutifs de la société, que les actions ou coupons d'actions pourront, après avoir été libérés de moitié, être convertis en actions au porteur par délibération de l'assemblée générale.

Soit que les actions restent nominatives après cette délibération, soit qu'elles aient été converties en actions au porteur, les souscripteurs primitifs qui ont aliéné les actions et ceux auxquels ils les ont cédées avant le versement de moitié restent tenus au paiement du montant de leurs actions pendant un délai de deux ans, à partir de la délibération de l'assemblée générale.

Marche à suivre.

Art. 4. — Lorsqu'un associé fait un apport qui ne consiste pas en numéraire, on stipule à son profit des avantages particuliers, la première assemblée générale fait apprécier la valeur de l'apport ou la cause des avantages stipulés.

La société n'est définitivement constituée qu'après l'approbation de l'apport ou des avantages, donnée par une autre assemblée générale, après une nouvelle convocation.

La seconde assemblée générale ne pourra statuer sur l'approbation de l'apport ou des avantages qu'après un rapport qui sera imprimé et tenu à la disposition des actionnaires, cinq jours au moins avant la réunion de cette assemblée.

Les délibérations sont prises par la majorité des actionnaires présents. Cette majorité doit comprendre le quart du capital social en numéraire.

Les associés qui ont fait l'apport ou stipulé des avantages particuliers soumis à l'appréciation de l'assemblée n'ont pas voix délibérative.

A défaut d'approbation, la société reste sans effet à l'égard de toutes les parties.

L'approbation ne fait pas obstacle à l'exercice ultérieur de l'action qui peut être intentée pour cause de dol ou de fraude.

Les dispositions du présent article, relatives à la vérification de l'apport qui ne consiste pas en numéraire, ne sont pas applicables au cas où la société à laquelle est fait ledit apport est formée entre ceux seulement qui en étaient propriétaires par indivis.

Statuts.

Art. 5. — Un conseil de surveillance, composé de trois actionnaires au moins, est établi dans chaque société en commandite par actions.

Ce conseil est nommé par l'assemblée générale des actionnaires immédiatement après la constitution définitive de la société et avant toute opération sociale.

Il est soumis à la réélection aux époques et suivant les conditions déterminées par les statuts.

Toutefois, le premier conseil n'est nommé que pour une année.

Art. 6. — Ce premier conseil doit, immédiatement après sa nomination, vérifier si toutes les dispositions contenues dans les articles qui précèdent ont été observées.

Marche à suivre.

Art. 7. — Est nulle et de nul effet, à l'égard des intéressés, toute société en commandite par actions constituée contrairement aux prescriptions des articles 1, 2, 3, 4 et 5 de la présente loi. Cette nullité ne peut être opposée aux tiers par les associés.

Art. 8. — Lorsque la société est annulée, aux termes de l'article précédent, les membres du premier conseil de surveillance peuvent être déclarés responsables, avec le gérant, du dommage résultant, pour la société ou pour les tiers, de l'annulation de la société.

La même responsabilité peut être prononcée contre ceux des associés dont les apports ou les avantages n'auraient pas été vérifiés et approuvés conformément à l'article 4 ci dessus.

Statuts.

Art. 9. — Les membres du conseil de surveillance n'encourent aucune responsabilité en raison des actes de la gestion et de leurs résultats.

Chaque membre du conseil de surveillance est responsable de ses fautes personnelles dans l'exécution de son mandat, conformément aux règles du droit commun.

Art. 10. — Les membres du conseil de surveillance vérifient les livres, la caisse, le portefeuille et les valeurs de la société.

Ils font, chaque année, à l'assemblée générale, un rapport dans lequel ils doivent signaler les irrégularités et inexactitudes qu'ils ont reconnues dans les inventaires, et constater, s'il y a lieu, les motifs qui s'opposent aux distributions des dividendes proposés par le gérant.

Aucune répétition de dividendes ne peut être exercée contre les actionnaires, si ce n'est dans le cas où la distribution en aura été faite en l'absence de tout inventaire ou en dehors des résultats constatés par l'inventaire.

L'action en répétition, dans le cas où elle est ouverte, se prescrit par cinq ans, à partir du jour fixé pour la distribution des dividendes.

Les prescriptions commencées à l'époque de la promulgation de la présente loi, et pour lesquelles il faudrait encore, suivant les lois anciennes, plus de cinq ans, à partir de la même époque, seront accomplies par ce laps de temps.

Art. 11. — Le conseil de surveillance peut convoquer l'assemblée générale et, conformément à son avis, provoquer la dissolution de la société.

Art. 12. — Quinze jours au moins avant la réunion de l'assemblée générale, tout actionnaire peut prendre, par lui ou par un fondé de pouvoir, au siége social, communication du bilan, des inventaires et du rapport du conseil de surveillance.

Délits et peines.

Art. 13. — L'émission d'actions ou de coupons d'actions d'une société constituée contrairement aux prescriptions des articles 1, 2 et 3 de la présente loi, est punie d'une amende de cinq cents à dix mille francs.

Sont punis de la même peine :

Le gérant qui commence les opérations sociales avant l'entrée en fonctions du conseil de surveillance ;

Ceux qui, en se présentant comme propriétaires d'actions ou de coupons d'actions qui ne leur appartiennent pas, ont créé frauduleusement une majorité factice dans une assemblée générale, sans préjudice de tous dommages-intérêts, s'il y a lieu, envers la société ou envers les tiers;

Ceux qui ont remis les actions pour en faire l'usage frauduleux.

Dans les cas prévus par les deux paragraphes précédents, la peine de l'emprisonnement de quinze jours à six mois peut, en outre, être prononcée.

Art. 14. — La négociation d'actions ou de coupons d'actions dont la valeur ou la forme serait contraire aux dispositions des articles 1, 2 et 3 de la présente loi, ou pour lesquels le versement du quart n'aurait pas été effectué conformément à l'article 2 ci-dessus, est punie d'une amende de cinq cents à dix mille francs.

Sont punies de la même peine toute participation à ces négociations et toute publication de la valeur desdites actions.

Art. 15. — Sont punis des peines portées par l'article 405 du Code pénal, sans préjudice de l'application de cet article à tous les faits constitutifs du délit d'escroquerie :

1° Ceux qui, par simulation de souscriptions ou de versements ou par publication, faite de mauvaise foi, de souscriptions ou de versements qui n'existent pas, ou de tous autres faits faux, ont obtenu ou tenté d'obtenir des souscriptions ou des versements ;

2° Ceux qui, pour provoquer des souscriptions ou

des versements, ont, de mauvaise foi, publié les noms de personnes désignées, contrairement à la vérité, comme étant ou devant être attachées à la société à un titre quelconque ;

3° Les gérants qui, en l'absence d'inventaires ou au moyen d'inventaires frauduleux, ont opéré entre les actionnaires la répartition de dividendes fictifs.

Statuts.

Les membres du conseil de surveillance ne sont pas civilement responsables des délits commis par le gérant.

Art. 16. — L'article 463 du Code pénal est applicable aux faits prévus par les trois articles qui précèdent.

Art. 17. — Des actionnaires représentant le vingtième au moins du capital social peuvent, dans un intérêt commun, charger à leurs frais un ou plusieurs mandataires de soutenir, tant en demandant qu'en défendant, une action contre les gérants ou contre les membres du conseil de surveillance, et de les représenter, en ce cas, en justice, sans préjudice de l'action que chaque actionnaire peut intenter individuellement en son nom personnel.

Marche à suivre

Art. 18. — Les sociétés antérieures à la loi du 17 juillet 1856, et qui ne se seraient pas conformées à l'article 15 de cette loi, seront tenues, dans un délai de six mois, de constituer un conseil de surveillance conformément aux dispositions qui précèdent.

A défaut de constitution du conseil de surveillance dans le délai fixé, chaque actionnaire a le droit de faire prononcer la dissolution de la société.

Art. 19. — Les sociétés en commandite par actions antérieures à la présente loi, dont les statuts permettent la transformation en société anonyme autorisée par le gouvernement, pourront se convertir en société anonyme dans les termes déterminés par le titre II de la présente loi, en se conformant aux conditions stipulées dans les statuts pour la transformation.

Art. 20. — Est abrogée la loi du 17 juillet 1856.

TITRE II.

161. — DES SOCIÉTÉS ANONYMES.

Marche à suivre.

Art. 21. — A l'avenir, les sociétés anonymes pourront se former sans l'autorisation du gouvernement.

Elles pourront, quel que soit le nombre des associés,

être formées par un acte sous seing privé fait en double original.

Elles seront soumises aux dispositions des articles 29, 30, 32, 33, 34 et 36 du Code de commerce et aux dispositions contenues dans le présent titre.

ART. 22. — Les sociétés anonymes sont administrées par un ou plusieurs mandataires à temps, révocables, salariés ou gratuits, pris parmi les associés.

Ces mandataires peuvent choisir parmi eux un directeur, ou, si les statuts le permettent, se substituer un mandataire étranger à la société et dont ils sont responsables envers elle.

ART. 23. — La société ne peut être constituée si le nombre des associés est inférieur à sept.

ART. 24. — Les dispositions des articles 1, 2, 3 et 4 de la présente loi sont applicables aux sociétés anonymes.

La déclaration imposée au gérant par l'article 1er est faite par les fondateurs de la société anonyme ; elle est soumise, avec les pièces à l'appui, à la première assemblée générale, qui en vérifie la sincérité.

Statuts.

ART. 25. — Une assemblée générale est, dans tous les cas convoquée, à la diligence des fondateurs, postérieurement à l'acte qui constate la souscription du capital social et le versement du quart du capital, qui consiste en numéraire. Cette assemblée nomme les premiers administrateurs ; elle nomme également, pour la première année, les commissaires institués par l'article 32 ci-après.

Ces administrateurs ne peuvent être nommés pour plus de six ans; ils sont rééligibles, sauf stipulation contraire.

Toutefois, ils peuvent être désignés par les statuts, avec stipulation formelle que leur nomination ne sera point soumise à l'approbation de l'assemblé générale. En ce cas, ils ne peuvent être nommés pour plus de trois ans.

Le procès-verbal de la séance constate l'acceptation des administrateurs et des commissaires présents à la réunion.

La société est constituée à partir de cette acceptation.

Art. 26. – Les administrateurs doivent être propriétaires d'un nombre d'actions déterminé par les statuts.

Ces actions sont affectées en totalité à la garantie de tous les actes de la gestion, même de ceux qui seraient exclusivement personnels à l'un des administrateurs.

Elles sont nominatives, inaliénables, frappées d'un timbre indiquant l'inaliénabilité, et déposées dans la caisse sociale.

Art. 27. — Il est tenu chaque année au moins une assemblée générale à l'époque fixée par les statuts. Les statuts déterminent le nombre d'actions qu'il est nécessaire de posséder, soit à titre de propriétaire, soit à titre de mandataire, pour être admis dans l'assemblée, et le nombre de voix appartenant à chaque actionnaire, eu égard au nombre d'actions dont il est porteur.

Néanmoins, dans les assemblées générales, appelées à vérifier les apports, à nommer les premiers administrateurs et à vérifier la sincérité de la déclaration des fondateurs de la société, prescrite par le deuxième paragraphe de l'article 24, tout actionnaire, quel que soit le nombre des actions dont il est porteur, peut prendre part aux délibérations avec le nombre de voix déterminé par les statuts, sans qu'il puisse être supérieur à dix.

Art. 28. — Dans toutes les assemblées générales, les délibérations sont prises à la majorité des voix.

Il est tenu une feuille de présence; elle contient les noms et domicile des actionnaires et le nombre d'actions dont chacun d'eux est porteur.

Cette feuille, certifiée par le bureau de l'assemblée, est déposée au siége social, et doit être communiquée à tout requérant.

Art. 29. — Les assemblées générales qui ont à délibérer dans des cas autres que ceux qui sont prévus par les deux articles qui suivent, doivent être composées d'un nombre d'actionnaires représentant le quart au moins du capital social.

Si l'assemblée générale ne réunit pas ce nombre, une nouvelle assemblée est convoquée dans les formes et avec les délais prescrits par les statuts, et elle délibère valablement, quelle que soit la portion du capital représenté par les actionnaires présents.

Art. 30. — Les assemblées qui ont à délibérer sur la vérification des apports, sur la nomination des premiers administrateurs, sur la sincérité de la déclaration faite par les fondateurs, aux termes du paragraphe 2 de l'article 24, doivent être composées d'un nombre d'actionnaires représentant la moitié au moins du capital social.

Le capital social, dont la moitié doit être présentée pour la vérification de l'apport, se compose seulement des apports non soumis à vérification.

Si l'assemblée générale ne réunit pas un nombre d'actionnaires représentant la moitié du capital social, elle ne peut prendre qu'une délibération provisoire. Dans ce cas, une nouvelle assemblée générale est convoquée. Deux avis, publiés à huit jours d'intervalle, au moins un mois à l'avance, dans l'un des journaux désignés pour recevoir les annonces légales, font connaître aux actionnaires les résolutions provisoires adoptées par la première assemblée, et ces résolutions deviennent définitives, si elles sont approuvées par la nouvelle assemblée, composée d'un nombre d'actionnaires représentant le cinquième au moins du capital social.

Art. 31. — Les assemblées qui ont à délibérer sur des modifications aux statuts, ou sur des propositions de continuation de la société au delà du terme fixé pour sa durée, ou de dissolution avant ce terme, ne sont régulièrement constituées et ne délibèrent valablement qu'autant qu'elles sont composées d'un nombre d'actionnaires représentant la moitié au moins du capital social.

Art. 32. — L'assemblée générale annuelle désigne un ou plusieurs commissaires, associés ou non, chargés de faire un rapport à l'assemblée générale de l'année suivante sur la situation de la société, sur le bilan et sur les comptes présentés par les administrateurs.

La délibération contenant approbation du bilan et des

comptes est nulle, si elle n'a été précédée du rapport des commissaires.

A défaut de nomination des commissaires par l'assemblée générale, ou en cas d'empêchement ou de refus d'un ou de plusieurs des commissaires nommés, il est procédé à leur nomination ou à leur remplacement par ordonnance du président du tribunal de commerce du siége de la société, à la requête de tout intéressé, les administrateurs dûment appelés.

ART. 33. — Pendant le trimestre qui précéde l'époque fixée par les statuts pour la réunion de l'assemblée générale, les commissaires ont droit, toutes les fois qu'ils le jugent convenable dans l'intérêt social, de prendre communication des livres et d'examiner les opérations de la société.

Ils peuvent toujours, en cas d'urgence, convoquer l'assemblée générale.

ART. 34. — Toute société anonyme doit dresser, chaque semestre, un état sommaire de sa situation active et passive.

Cet état est mis à la disposition des commissaires.

Il est, en outre, établi chaque année, conformément à l'article 9 du code de commerce, un inventaire contenant l'indication des valeurs mobilières et immobilières et de toutes les dettes actives et passives de la société.

L'inventaire, le bilan et le compte des profits et pertes sont mis à la disposition des commissaires le quarantième jour, au plus tard, avant l'assemblée générale. Ils sont présentés à cette assemblée.

Art. 35. — Quinze jours au moins avant la réunion de l'assemblée générale, tout actionnaire peut prendre, au siége social, communication de l'inventaire et de la liste des actionnaires, et se faire délivrer copie du bilan résumant l'inventaire et du rapport des commissaires.

Art. 36. — Il est fait annuellement, sur les bénéfices nets, un prélèvement d'un vingtième au moins, affecté à la formation d'un fonds de réserve.

Ce prélèvement cesse d'être obligatoire lorsque le fonds de réserve a atteint le dixième du capital social.

Art. 37. — En cas de perte des trois quarts du capital social, les administrateurs sont tenus de provoquer la réunion de l'assemblée générale de tous les actionnaires, à l'effet de statuer sur la question de savoir s'il y a lieu de prononcer la dissolution de la société.

La résolution de l'assemblée est, dans tous les cas, rendue publique.

Marche à suivre.

A défaut par les administrateurs de réunir l'assemblée générale, comme dans le cas où cette assemblée n'aurait pu se constituer régulièrement, tout intéressé peut demander la dissolution de la société devant les tribnnaux.

Art. 38. — La dissolution peut être prononcée sur la demande de toute partie intéressée, lorsqu'un an s'est écoulé depuis l'époque où le nombre des associés est réduit à moins de sept.

Art. 39. — L'article 17 est applicable aux sociétés anonymes.

Art. 40. — Il est interdit aux administrateurs de prendre ou de conserver un intérêt direct ou indirect dans une entreprise ou dans un marché fait avec la société ou pour son compte, à moins qu'ils n'y soient autorisés par l'assemblée générale.

Il est, chaque année, rendu à l'assemblée générale un compte spécial de l'exécution des marchés ou entreprises par elle autorisés, aux termes du paragraphe précédent.

Art. 41. — Est nulle et de nul effet à l'égard des intéressés toute société anonyme pour laquelle n'ont pas été observées les dispositions des articles 22, 23, 24 et 25 ci-dessus.

Art. 42. — Lorsque la nullité de la société ou des actes et délibérations a été prononcée aux termes de l'article précédent, les fondateurs auxquels la nullité est imputable, et les administrateurs en fonctions au moment ou elle a été encourue, sont responsables solidairement envers les tiers, sans préjudice des droits des actionnaires.

La même responsabilité solidaire peut être prononcée contre ceux des associés dont les apports ou les avantages n'auraient pas été vérifiés et approuvés conformément à l'article 24.

Art. 43. — L'étendue et les effets de la responsabilité des commissaires envers la société sont déterminés d'après les règles générales du mandat.

Art. 44. — Les administrateurs sont responsables, conformément aux règles du droit commun, individuellement ou solidairement, suivant les cas, envers la société ou envers les tiers, soit des infractions aux dispositions de la présente loi, soit des fautes qu'ils auraient commises dans lenr gestion, notamment en distribuant ou en laissant distribuer sans opposition des dividendes fictifs.

Art. 45. — Les dispositions des articles 13, 14, 15

et 16 de la présente loi sont applicables en matière de société anonyme, sans distinction entre celles qui sont actuellement existantes et celles qui se constitueront sous l'empire de la présente loi. Les administrateurs qui, en l'absence d'inventaire ou au moyen d'inventaire frauduleux, auront opéré des dividendes fictifs, seront punis de la peine qui est prononcée dans ce cas par le numéro 3 de l'article 15 contre les gérants des sociétés en commandite.

Sont également applicables, en matière de société anonyme, les dispositions des trois derniers paragraphes de l'article 10.

Art. 46. — Les sociétés anonymes actuellement existantes continueront à être soumises, pendant toute leur durée, aux dispositions qui les régissent.

Elles pourront se transformer en sociétés anonymes dans les termes de la présente loi, en obtenant l'autorisation du gouvernement et en observant les formes prescrites pour la modification de leurs statuts.

Art. 47. — Les sociétés à responsabilité limitée pourront se convertir en sociétés anonymes dans les termes de la présente loi, en se conformant aux conditions stipulées pour la modification de leurs statuts.

Sont abrogés les articles 31, 37 et 40 du code de

commerce et la loi du 23 mai 1863, sur les sociétés à responsabilité limitée.

TITRE III.

162. — DISPOSITIONS PARTICULIÈRES AUX SOCIÉTÉS A CAPITAL VARIABLE.

ART. 48. — Il peut être stipulé, dans les statuts de toute société, que le capital social sera susceptible d'augmentation par des versements successifs faits par les associés ou l'admission d'associés nouveaux, et de diminution par la reprise totale ou partielle des apports effectués.

Les sociétés dont les statuts contiendront la stipulation ci-dessus seront soumises, indépendamment des règles générales qui leur sont propres, suivant leur forme spéciale, aux dispositions des articles suivants.

ART. 49. — Le capital social ne pourra être porté par les statuts constitutifs de la société au-dessus de la somme de deux cent mille francs.

Il pourra être augmenté par des délibérations de l'assemblée générale, prises d'année en année; chacune des augmentations ne pourra être supérieure à deux cent mille francs.

Art. 50. — Les actions ou coupons d'actions seront nominatifs, même après leur entière libération ; ils ne pourront être inférieurs à cinquante francs.

Ils ne seront négociables qu'après la constitution définitive de la société.

La négociation ne pourra avoir lieu que par voie de transfert sur les registres de la société, et les statuts pourront donner, soit au conseil d'administration, soit à l'assemblée générale, le droit de s'opposer au transfert.

Art. 51. — Les statuts détermineront une somme au-dessous de laquelle le capital ne pourra être réduit par les reprises des apports autorisés par l'article 48.

Cette somme ne pourra être inférieure au dixième du capital social.

La société ne sera définitivement constituée qu'après le versement du dixième.

Art. 52. — Chaque associé pourra se retirer de la société lorsqu'il le jugera convenable, à moins de conventions contraires, et sauf l'application du paragraphe 1er de l'article précédent.

Il pourra être stipulé que l'assemblée générale aura le droit de décider, à la majorité fixée pour la modification des statuts, que l'un ou plusieurs des associés cesseront de faire partie de la société.

L'associé qui cessera de faire partie de la société, soit par l'effet de sa volonté, soit par suite de décision de l'assemblée générale, restera tenu, pendant cinq ans, envers les associés et envers les tiers, de toutes les obligations existant au moment de sa retraite.

Art. 53. — La société, quelle que soit sa forme, sera valablement représentée en justice par ses administrateurs.

Art. 54. — La société ne sera point dissoute par la mort, la retraite, l'interdiction, la faillite ou la déconfiture de l'un des associés ; elle continuera de plein droit entre les autres associés.

TITRE IV.

163. — DISPOSITIONS RELATIVES A LA PUBLICATION DES ACTES DE LA SOCIÉTÉ

Art. 55. — Dans le mois de la constitution de toute société commerciale, un double de l'acte constitutif, s'il est sous seing privé, ou une expédition, s'il est notarié, est déposé au greffe de la justice de paix et du tribunal de commerce du lieu dans lequel est établie la société.

A l'acte constitutif des sociétés en commmandite par actions et des sociétés anonymes sont annexées : 1° une expédition de l'acte notarié constatant la souscription du capital social et le versement du quart ; 2° une copie certifiée des délibérations prises par l'assemblée générale dans les cas prévus par les articles 4 et 24.

En outre, lorsque la société est anonyme, on doit annexer à l'acte constitutif la liste nominative, dûment certifiée, des souscripteurs, contenant les noms, prénoms, qualités, demeures et le nombre d'actions de chacun d'eux.

ART. 56. — Dans le même délai d'un mois, un extrait de l'acte constitutif et des pièces annexées est publié dans l'un des journaux désignés pour recevoir les annonces légales.

Il sera justifié de l'insertion par un exemplaire du journal certifié par l'imprimeur, légalisé par le maire, et enregistré dans les trois mois de sa date.

Les formalités prescrites par l'article précédent et par le présent article seront observées, à peine de nullité, à l'égard des intéressés ; mais le défaut d'aucune d'elles ne pourra être opposé aux tiers par les associés.

ART. 57. — L'extrait doit contenir les noms des associés autres que les actionnaires ou commanditaires ; la raison de commerce ou la dénomination adoptée par la société et l'indication du siége social; la désignation des associés autorisés à gérer, administrer et signer pour la société; le montant du capital social et le montant des valeurs fournies ou à fournir par les actionnaires ou commanditaires; l'époque où la société commence, celle où elle doit finir, et la date du dépôt fait aux greffes de la justice de paix et du tribunal de commerce.

Art. 58. — L'extrait doit énoncer que la société est en nom collectif ou en commandite simple, ou en commandite par actions, ou anonyme, ou à capital variable.

Si la société est anonyme, l'extrait doit énoncer le montant du capital social en numéraire et en autres objets, la quotité à prélever sur les bénéfices pour composer le fonds de réserve.

Enfin, si la société est à capital variable, l'extrait doit contenir l'indication de la somme au-dessous de laquelle le capital social ne peut être réduit.

Art. 59. — Si la société a plusieurs maisons de commerce situées dans divers arrondissements, le dépôt prescrit par l'article 55 et la publication prescrite par l'article 56 ont lieu dans chacun des arrondissements où existent les maisons de commerce.

Dans les villes divisées en plusieurs arrondissements, le dépôt sera fait seulement au greffe de la justice de paix du principal établissement.

Art. 60. — L'extrait des actes et pièces déposés est signé, pour les actes publics, par le notaire, et, pour les actes sous seing privé, par les associés, en nom collectif, par les gérants des sociétés en commandite ou par les administrateurs des sociétés anonymes.

Art. 61. — Sont soumis aux formalités et aux pénalités prescrites par les articles 55 et 56 :

Tous actes et délibérations ayant pour objet la modification des statuts, la continuation de la société au delà du terme fixé pour sa durée, la dissolution avant ce terme et le mode de liquidation, tout changement ou retraite d'associés et tout changement à la raison sociale.

Sont également soumises aux dispositions des articles 55 et 56 les délibérations prises dans les cas prévus par les articles 19, 37, 46, 47 et 49 ci-dessus.

Art. 62. — Ne sont pas assujettis aux formalités de dépôt et de publication les actes constatant les augmentations ou les diminutions du capital social opérées dans les termes de l'article 48, ou les retraites d'associés, autres que les gérants ou administrateurs, qui auraient lieu conformément à l'article 52.

Art. 63. — Lorsqu'il s'agit d'une société en commandite par actions ou d'une société anonyme, toute personne a le droit de prendre communication des pièces déposées aux greffes de la justice de paix et du tribunal de commerce, ou même de s'en faire délivrer à ses frais expédition ou extrait par le greffier ou par le notaire détenteur de la minute.

Toute personne peut également exiger qu'il lui soit délivré au siége de la société une copie certifiée des statuts, moyennant paiement d'une somme qui ne pourra excéder un franc.

Enfin, les pièces déposées doivent être affichées d'une manière apparente daus les bureaux de la société.

Art. 64. — Dans tous les actes, factures, annonces, publications et autres documents *imprimés* ou *autographiés*, émanés des sociétés anonymes ou des sociétés en commandite par actions, la dénomination sociale doit toujours être précédée ou suivie immédiatement de ces mots, écrits lisiblement en toutes lettres : *Société anonyme*, ou *Société en commandite par actions*, et de l'énonciation du montant du capital social.

Si la société a usé de la faculté accordée par l'article 48, cette circonstance doit être mentionnée par l'addition de ces mots : *à capital variable.*

Toute contravention aux dispositions qui précèdent

est punie d'une amende de cinquante francs à mille francs.

ART. 65. — Sont abrogées les dispositions des articles 42, 43, 44, 45 et 46 du code de commerce.

FIN.

TABLE INDICATIVE

DES CHAPITRES ET DES SUBDIVISIONS.

CHAPITRE IV.

Conditions industrielles de la France.

(*Régime intérieur.*)

CHAPITRE V.

Conditions industrielles de la France.

(*Régime extérieur.*)

CHAPITRE VI.

Classification des industries.

CHAPITRE VII.

Ce qu'on entend par prix de revient.

CHAPITRE VIII.

Éléments de la production industrielle et formule du prix de revient.

CHAPITRE IX.

Combinaisons des divers éléments du prix de revient et influence du cours commercial.

CHAPITRE X.

De la matière première de l'industrie.

CHAPITRE XI.

De la main-d'œuvre en industrie.

CHAPITRE XII.

Étude sur les frais généraux.

CHAPITRE XIII.

Du capital en industrie.

CHAPITRE XIV.

Études sur les moyens de déterminer le capital d'une industrie.

CHAPITRE XV.

Du bénéfice ou de la perte.

CHAPITRE XVI

Du rôle de la comptabilité en industrie.

CHAPITRE XVII.

Administration et personnel dans les grandes industries.

CHAPITRE XVIII.

Comptabilité générale, contrôle et comptabilité auxiliaire.

CHAPITRE XIX.

Comptabilité administrative.

CHAPITRE XX.

Comptabilité. Règles du bilan.

CHAPITRE XXI.

Études premières des conditions où se trouve une industrie.

CHAPITRE XXII.

Conditions matérielles et morales nécessaires en industrie.

CHAPITRE XXIII.

De la conduite des affaires.

CHAPITRE XIV.

Création des affaires. Étude des statuts.

CHAPITRE XXV.

Des liquidations.

CHAPITRE XXVI.

Modèle de statuts des sociétés industrielles.

CHAPITRE XXVII.

Loi sur les sociétés.

FIN DE LA TABLE.

Saint-Denis. — Imp. Ch. Lambert, 17, rue de Paris.

www.ingramcontent.com/pod-product-compliance
Ingram Content Group UK Ltd.
Pitfield, Milton Keynes, MK11 3LW, UK
UKHW022006170726
13837UKWH00001B/22

9 782019 962425